般若波羅蜜多心經 寫經

무비 스님의
반야바라밀다심경 사경

현장玄奘 스님 한역

무비 스님 한글 번역

담앤북스

사경집을 펴내며

    필자는 일찍이 불교에 귀의하여 경학과 참선과 사경과 절과 기도와 염불 등을 골고루 실참實參하면서 무엇이 가장 효과적인 수행일까 하는 생각을 누누이 하여 왔습니다. 그러다가 여러 가지 상황으로 볼 때 사경수행寫經修行이 그 어떤 수행보다도 가장 효과가 뛰어나다는 것을 깨닫게 되었습니다.

    그래서 오래전 부산 금정산 아래에 〈문수선원文殊禪院〉이라는 작은 공부방을 하나 마련하여 뜻을 같이하는 불자들과 〈사경수행도량寫經修行道場〉이라는 이름으로 여러 경전을 강의도 하고 아울러 많은 사경 교재를 만들어 사경寫經만 하는 특별반 및 사경 시간을 마련하여 정진하고 있습니다.

    그리고 한편 〈사경수행공동체寫經修行共同體〉라는 이름으로 전국의 많은 불자들과 사경 수행을 함께 하자는 생각을 하던 중에 마침 2008년 1월부터 전국의 스님 2백여 명이 강의를 들으러 오게 되어서 이 기회에 가장 이상적이고 친절한 사경 책을 여러 가지 준비하여 보급하게 되었습니다. 비록 어떤 조직체는 없으나 자연스럽게 그 많은 스님들의 손으로 사경 책이 전해지고 또 전해져서 그동안 1백만 권 이상이 보급되었으리라 생각합니다.

『금강경』에는 경전을 받아 지니고, 읽고, 외우고, 사경하는 공덕이 그 어떤 공덕보다 우수하다 하였고, 『법화경』에는 부처님을 대신하는 다섯 가지의 법사法師가 있으니 경전을 받아 지니고, 읽고, 외우고, 해설하고, 사경하는 일이라 하였습니다. 사경하는 일이 이와 같거늘 사경수행보다 우수한 공덕과 수행의 방법이 그 어디에 있겠습니까. 실로 불교의 수많은 수행 중에서 가장 위대한 수행이라 할 수 있을 것입니다.

새롭게 도약하는 사경수행운동이 전국으로 번져 나가서 인연을 함께하는 모든 분들이 자신이 앉은 그 자리에서 〈사경수행공동체〉의 일원이 되어 사경이 불법수행의 가장 바르고 가장 유익한 수행이라는 사실을 깨닫게 되어 열심히 정진하시기를 간절히 바랍니다.

경을 쓰는 이 공덕 수승하여라.

가없는 그 복덕 모두 회향하여

이 세상의 모든 사람 모든 생명들

무량광불 나라에서 행복하여지이다.

2022년 10월 15일

신라 화엄종찰 금정산 범어사

如天 無比 합장

사경 발원문

사경 시작한 날: 년   월   일

_____ 두손 모음

사	경	공	덕	수	승	행
寫	經	功	德	殊	勝	行
베낄 사	경전 경	공덕 공	덕 덕	다를 수	뛰어날 승	행할 행

무	변	승	복	개	회	향
無	邊	勝	福	皆	廻	向
없을 무	가 변	뛰어날 승	복 복	다 개	돌 회	향할 향

보	원	침	익	제	유	정
普	願	沈	溺	諸	有	情
널리 보	원할 원	가라앉을 침	빠질 익	모든 제	있을 유	뜻 정

속	왕	무	량	광	불	찰
速	往	無	量	光	佛	刹
빠를 속	갈 왕	없을 무	헤아릴 량	빛 광	부처 불	절 찰

경을 쓰는 이 공덕 수승하여라.
가없는 그 복덕 모두 회향하여
이 세상의 모든 사람 모든 생명들
무량광불 나라에서 행복하여지이다.

摩	訶	般	若	波	羅	蜜	多	心	經	
갈 마	꾸짖을 가(하)	일반 반	반야 야	물결 파(바)	그물 라	꿀 밀	많을 다	마음 심	글 경	

觀	自	在	菩	薩		行	深	般	若	波
볼 관	스스로 자	있을 재	보리 보	보살 살		행할 행	깊을 심	일반 반	반야 야	물결 파(바)
羅	蜜	多	時		照	見	五	蘊	皆	空
그물 라	꿀 밀	많을 다	때 시		비출 조	볼 견	다섯 오	쌓을 온	다 개	빌 공
度	一	切	苦	厄		舍	利	子		色
건널 도	한 일	온통 체	괴로울 고	액 액		집 사	날카로울 리	아들 자		빛 색
不	異	空		空	不	異	色		色	卽
아닐 불	다를 이	빌 공		빌 공	아닐 불	다를 이	빛 색		빛 색	곧 즉
是	空		空	卽	是	色		受	想	行
이 시	빌 공		빌 공	곧 즉	이 시	빛 색		받을 수	생각할 상	행할 행

위대한 지혜로 저 언덕에 이르는 길

관자재보살이 깊은 반야바라밀다를 행할 때
오온이 모두 공함을 비춰 보고 일체 고액을 건넜다.
사리자여, 색은 공과 다르지 않고 공은 색과 다르지 않다.
색은 곧 공이고 공은 곧 색이다.

識		亦	復	如	是		舍	利	子
알 식		또 역	다시 부	같을 여	이 시		집 사	날카로울 리	아들 자
是	諸	法	空	相		不	生	不	滅
이 시	모두 제	법 법	빌 공	형상 상		아닐 불	날 생	아닐 불	멸할 멸
不	垢	不	淨		不	增	不	減	是
아닐 불	때 구	아닐 부	깨끗할 정		아닐 부	더할 증	아닐 불	덜 감	이 시
故		空	中	無	色		無	受	想	行
연고 고		빌 공	가운데 중	없을 무	빛 색		없을 무	받을 수	생각할 상	행할 행
識		無	眼	耳	鼻	舌	身	意		無
알 식		없을 무	눈 안	귀 이	코 비	혀 설	몸 신	뜻 의		없을 무
色	聲	香	味	觸	法		無	眼	界
빛 색	소리 성	향기 향	맛 미	닿을 촉	법 법		없을 무	눈 안	지경 계
乃	至	無	意	識	界		無	無	明
이에 내	이를 지	없을 무	뜻 의	알 식	지경 계		없을 무	없을 무	밝을 명

수·상·행·식도 또한 이와 같다.

사리자여, 이 모든 법의 공한 모양은 생기지도 않고 소멸하지도 않은 것이며,

더럽지도 않고 깨끗하지도 않은 것이며, 불어나지도 않고 줄어들지도 않은 것이다.

이러한 까닭에 공에는 색이 없으며 수·상·행·식도 없다.

안·이·비·설·신·의도 없으며, 색·성·향·미·촉·법도 없다.

눈의 세계도 없으며 내지 의식의 세계까지 없다.

亦	無	無	明	盡		乃	至	無	老	死
또 역	없을 무	없을 무	밝을 명	다할 진		이에 내	이를 지	없을 무	늙을 노	죽을 사
亦	無	老	死	盡		無	苦	集	滅	道
또 역	없을 무	늙을 노	죽을 사	다할 진		없을 무	괴로울 고	모일 집	멸할 멸	길 도
無	智	亦	無	得		以	無	所	得	故
없을 무	지혜 지	또 역	없을 무	얻을 득		써 이	없을 무	바 소	얻을 득	연고 고
菩	提	薩	埵		依	般	若	波	羅	蜜
보리 보	끝 제(리)	보살 살	언덕 타		의지할 의	일반 반	반야 야	물결 파(바)	그물 라	꿀 밀
多	故		心	無	罣	礙		無	罣	礙
많을 다	연고 고		마음 심	없을 무	걸 괘(가)	거리낄 애		없을 무	걸 괘(가)	거리낄 애
故		無	有	恐	怖		遠	離	顚	倒
연고 고		없을 무	있을 유	두려울 공	두려워할 포		멀 원	떠날 리	넘어질 전	넘어질 도
夢	想		究	竟	涅	槃		三	世	諸
꿈 몽	생각할 상		궁구할 구	다할 경	개흙 열	쟁반 반		석 삼	세상 세	모두 제

무명도 없으며 또한 무명이 다함도 없으며,

내지 노와 사도 없으며, 또한 노와 사가 다함도 없다.

고와 집과 멸과 도도 없다. 지혜도 없고 또한 얻음도 없다.

얻을 것이 없는 까닭에 보리살타는 반야바라밀다를 의지하여 마음에 가애가 없으며,

가애가 없는 까닭에 공포가 없으며, 전도몽상을 멀리 떠나서 구경에는 열반인 것이다.

佛		依	般	若	波	羅	蜜	多	故
부처 불		의지할 의	일반 반	반야 야	물결 파(바)	그물 라	꿀 밀	많을 다	연고 고
得	阿	耨	多	羅	三	藐	三	菩	提
얻을 득	언덕 아	김맬 누(녹)	많을 다	그물 라	석 삼	아득할 막(먁)	석 삼	보리 보	끌 제(리)

故	知	般	若	波	羅	蜜	多		是	大
연고 고	알 지	일반 반	반야 야	물결 파(바)	그물 라	꿀 밀	많을 다		이 시	큰 대
神	呪		是	大	明	呪		是	無	上
신통할 신	주문 주		이 시	큰 대	밝을 명	주문 주		이 시	없을 무	위 상
呪		是	無	等	等	呪		能	除	一
주문 주		이 시	없을 무	같을 등	같을 등	주문 주		능할 능	제거할 제	한 일
切	苦		眞	實	不	虛		故	說	般
온통 체	괴로울 고		참 진	열매 실	아닐 불	빌 허		연고 고	말씀 설	일반 반
若	波	羅	蜜	多	呪		卽	說	呪	曰
반야 야	물결 파(바)	그물 라	꿀 밀	많을 다	주문 주		곧 즉	말씀 설	주문 주	가로 왈

삼세제불은 반야바라밀다를 의지한 까닭에 아녹다라삼먁삼보리를 얻는다.
그러므로 알아야 한다. 반야바라밀다는 위대하고 신비로운 주문이며,
크게 밝은 주문이며, 가장 높은 주문이며, 견줄 데 없는 주문이다.
능히 일체의 고뇌를 제거하며 진실하여 헛되지 않다.
고로 반야바라밀다의 주문을 설하노니 곧 주를 설해 말하되,

揭	諦	揭	諦		波	羅	揭	諦		波
들 게(아)	살필 체(제)	들 게(아)	살필 체(제)		물결 파(바)	그물 라	들 게(아)	살필 체(제)		물결 파(바)
羅	僧	揭	諦		菩	提		娑	婆	訶
그물 라	스님 승	들 게(아)	살필 체(제)		보리 보(모)	끌 제(지)		춤출 사	할미 파(바)	꾸짖을 가(하)
揭	諦	揭	諦		波	羅	揭	諦		波
들 게(아)	살필 체(제)	들 게(아)	살필 체(제)		물결 파(바)	그물 라	들 게(아)	살필 체(제)		물결 파(바)
羅	僧	揭	諦		菩	提		娑	婆	訶
그물 라	스님 승	들 게(아)	살필 체(제)		보리 보(모)	끌 제(지)		춤출 사	할미 파(바)	꾸짖을 가(하)
揭	諦	揭	諦		波	羅	揭	諦		波
들 게(아)	살필 체(제)	들 게(아)	살필 체(제)		물결 파(바)	그물 라	들 게(아)	살필 체(제)		물결 파(바)
羅	僧	揭	諦		菩	提		娑	婆	訶
그물 라	스님 승	들 게(아)	살필 체(제)		보리 보(모)	끌 제(지)		춤출 사	할미 파(바)	꾸짖을 가(하)

〈사경 1회〉

아제아제 바라아제 바라승아제 모지 사바하
아제아제 바라아제 바라승아제 모지 사바하
아제아제 바라아제 바라승아제 모지 사바하

摩	訶	般	若	波	羅	蜜	多	心	經	
갈 마	꾸짖을 가(하)	일반 반	반야 야	물결 파(바)	그물 라	꿀 밀	많을 다	마음 심	글 경	

觀	自	在	菩	薩		行	深	般	若	波
볼 관	스스로 자	있을 재	보리 보	보살 살		행할 행	깊을 심	일반 반	반야 야	물결 파(바)
羅	蜜	多	時		照	見	五	蘊	皆	空
그물 라	꿀 밀	많을 다	때 시		비출 조	볼 견	다섯 오	쌓을 온	다 개	빌 공
度	一	切	苦	厄		舍	利	子		色
건널 도	한 일	온통 체	괴로울 고	액 액		집 사	날카로울 리	아들 자		빛 색
不	異	空		空	不	異	色		色	卽
아닐 불	다를 이	빌 공		빌 공	아닐 불	다를 이	빛 색		빛 색	곧 즉
是	空		空	卽	是	色		受	想	行
이 시	빌 공		빌 공	곧 즉	이 시	빛 색		받을 수	생각할 상	행할 행

위대한 지혜로 저 언덕에 이르는 길

관자재보살이 깊은 반야바라밀다를 행할 때
오온이 모두 공함을 비춰 보고 일체 고액을 건넜다.
사리자여, 색은 공과 다르지 않고 공은 색과 다르지 않다.
색은 곧 공이고 공은 곧 색이다.

識		亦	復	如	是		舍	利	子
알 식		또 역	다시 부	같을 여	이 시		집 사	날카로울 리	아들 자

是	諸	法	空	相		不	生	不	滅
이 시	모두 제	법 법	빌 공	형상 상		아닐 불	날 생	아닐 불	멸할 멸

不	垢	不	淨		不	增	不	減		是
아닐 불	때 구	아닐 부	깨끗할 정		아닐 부	더할 증	아닐 불	덜 감		이 시

故		空	中	無	色		無	受	想	行
연고 고		빌 공	가운데 중	없을 무	빛 색		없을 무	받을 수	생각할 상	행할 행

識		無	眼	耳	鼻	舌	身	意		無
알 식		없을 무	눈 안	귀 이	코 비	혀 설	몸 신	뜻 의		없을 무

色	聲	香	味	觸	法		無	眼	界
빛 색	소리 성	향기 향	맛 미	닿을 촉	법 법		없을 무	눈 안	지경 계

乃	至	無	意	識	界		無	無	明
이에 내	이를 지	없을 무	뜻 의	알 식	지경 계		없을 무	없을 무	밝을 명

수·상·행·식도 또한 이와 같다.

사리자여, 이 모든 법의 공한 모양은 생기지도 않고 소멸하지도 않은 것이며,

더럽지도 않고 깨끗하지도 않은 것이며, 불어나지도 않고 줄어들지도 않은 것이다.

이러한 까닭에 공에는 색이 없으며 수·상·행·식도 없다.

안·이·비·설·신·의도 없으며, 색·성·향·미·촉·법도 없다.

눈의 세계도 없으며 내지 의식의 세계까지 없다.

亦	無	無	明	盡		乃	至	無	老	死
또 역	없을 무	없을 무	밝을 명	다할 진		이에 내	이를 지	없을 무	늙을 노	죽을 사
亦	無	老	死	盡		無	苦	集	滅	道
또 역	없을 무	늙을 노	죽을 사	다할 진		없을 무	괴로울 고	모일 집	멸할 멸	길 도
無	智	亦	無	得		以	無	所	得	故
없을 무	지혜 지	또 역	없을 무	얻을 득		써 이	없을 무	바 소	얻을 득	연고 고
菩	提	薩	埵		依	般	若	波	羅	蜜
보리 보	끌 제(리)	보살 살	언덕 타		의지할 의	일반 반	반야 야	물결 파(바)	그물 라	꿀 밀
多	故		心	無	罣	礙		無	罣	礙
많을 다	연고 고		마음 심	없을 무	걸 괘(가)	거리낄 애		없을 무	걸 괘(가)	거리낄 애
故		無	有	恐	怖		遠	離	顛	倒
연고 고		없을 무	있을 유	두려울 공	두려워할 포		멀 원	떠날 리	넘어질 전	넘어질 도
夢	想		究	竟	涅	槃		三	世	諸
꿈 몽	생각할 상		궁구할 구	다할 경	개흙 열	쟁반 반		석 삼	세상 세	모두 제

무명도 없으며 또한 무명이 다함도 없으며,

내지 노와 사도 없으며, 또한 노와 사가 다함도 없다.

고와 집과 멸과 도도 없다. 지혜도 없고 또한 얻음도 없다.

얻을 것이 없는 까닭에 보리살타는 반야바라밀다를 의지하여 마음에 가애가 없으며,

가애가 없는 까닭에 공포가 없으며, 전도몽상을 멀리 떠나서 구경에는 열반인 것이다.

佛		依	般	若	波	羅	蜜	多	故	
부처 불		의지할 의	일반 반	반야 야	물결 파(바)	그물 라	꿀 밀	많을 다	연고 고	
得	阿	耨	多	羅	三	藐	三	菩	提	
얻을 득	언덕 아	김맬 누(녹)	많을 다	그물 라	석 삼	아득할 막(먁)	석 삼	보리 보	끌 제(리)	
故	知	般	若	波	羅	蜜	多		是	大
연고 고	알 지	일반 반	반야 야	물결 파(바)	그물 라	꿀 밀	많을 다		이 시	큰 대
神	呪		是	大	明	呪		是	無	上
신통할 신	주문 주		이 시	큰 대	밝을 명	주문 주		이 시	없을 무	위 상
呪		是	無	等	等	呪		能	除	一
주문 주		이 시	없을 무	같을 등	같을 등	주문 주		능할 능	제거할 제	한 일
切	苦		眞	實	不	虛		故	說	般
온통 체	괴로울 고		참 진	열매 실	아닐 불	빌 허		연고 고	말씀 설	일반 반
若	波	羅	蜜	多	呪		卽	說	呪	曰
반야 야	물결 파(바)	그물 라	꿀 밀	많을 다	주문 주		곧 즉	말씀 설	주문 주	가로 왈

삼세제불은 반야바라밀다를 의지한 까닭에 아뇩다라삼먁삼보리를 얻는다.
그러므로 알아야 한다. 반야바라밀다는 위대하고 신비로운 주문이며,
크게 밝은 주문이며, 가장 높은 주문이며, 견줄 데 없는 주문이다.
능히 일체의 고뇌를 제거하며 진실하여 헛되지 않다.
고로 반야바라밀다의 주문을 설하노니 곧 주를 설해 말하되,

揭	諦	揭	諦		波	羅	揭	諦		波
들 게(아)	살필 체(제)	들 게(아)	살필 체(제)		물결 파(바)	그물 라	들 게(아)	살필 체(제)	.	물결 파(바)
羅	僧	揭	諦		菩	提		娑	婆	訶
그물 라	스님 승	들 게(아)	살필 체(제)		보리 보(모)	끝 제(지)		춤출 사	할미 파(바)	꾸짖을 가(하)
揭	諦	揭	諦		波	羅	揭	諦		波
들 게(아)	살필 체(제)	들 게(아)	살필 체(제)		물결 파(바)	그물 라	들 게(아)	살필 체(제)		물결 파(바)
羅	僧	揭	諦		菩	提		娑	婆	訶
그물 라	스님 승	들 게(아)	살필 체(제)		보리 보(모)	끝 제(지)		춤출 사	할미 파(바)	꾸짖을 가(하)
揭	諦	揭	諦		波	羅	揭	諦		波
들 게(아)	살필 체(제)	들 게(아)	살필 체(제)		물결 파(바)	그물 라	들 게(아)	살필 체(제)		물결 파(바)
羅	僧	揭	諦		菩	提		娑	婆	訶
그물 라	스님 승	들 게(아)	살필 체(제)		보리 보(모)	끝 제(지)		춤출 사	할미 파(바)	꾸짖을 가(하)

〈사경 2회〉

아제아제 바라아제 바라승아제 모지 사바하
아제아제 바라아제 바라승아제 모지 사바하
아제아제 바라아제 바라승아제 모지 사바하

摩	訶	般	若	波	羅	蜜	多	心	經	
갈 마	꾸짖을 가(하)	일반 반	반야 야	물결 파(바)	그물 라	꿀 밀	많을 다	마음 심	글 경	

觀	自	在	菩	薩		行	深	般	若	波
볼 관	스스로 자	있을 재	보리 보	보살 살		행할 행	깊을 심	일반 반	반야 야	물결 파(바)
羅	蜜	多	時		照	見	五	蘊	皆	空
그물 라	꿀 밀	많을 다	때 시		비출 조	볼 견	다섯 오	쌓을 온	다 개	빌 공
度	一	切	苦	厄		舍	利	子		色
건널 도	한 일	온통 체	괴로울 고	액 액		집 사	날카로울 리	아들 자		빛 색
不	異	空		空	不	異	色		色	卽
아닐 불	다를 이	빌 공		빌 공	아닐 불	다를 이	빛 색		빛 색	곧 즉
是	空		空	卽	是	色		受	想	行
이 시	빌 공		빌 공	곧 즉	이 시	빛 색		받을 수	생각할 상	행할 행

위대한 지혜로 저 언덕에 이르는 길

관자재보살이 깊은 반야바라밀다를 행할 때

오온이 모두 공함을 비춰 보고 일체 고액을 건넜다.

사리자여, 색은 공과 다르지 않고 공은 색과 다르지 않다.

색은 곧 공이고 공은 곧 색이다.

識		亦	復	如	是		舍	利	子
알 식		또 역	다시 부	같을 여	이 시		집 사	날카로울 리	아들 자
是	諸	法	空	相		不	生	不	滅
이 시	모두 제	법 법	빌 공	형상 상		아닐 불	날 생	아닐 불	멸할 멸
不	垢	不	淨		不	增	不	減	是
아닐 불	때 구	아닐 부	깨끗할 정		아닐 부	더할 증	아닐 불	덜 감	이 시
故		空	中	無	色		無	受	想	行
연고 고		빌 공	가운데 중	없을 무	빛 색		없을 무	받을 수	생각할 상	행할 행
識		無	眼	耳	鼻	舌	身	意		無
알 식		없을 무	눈 안	귀 이	코 비	혀 설	몸 신	뜻 의		없을 무
色	聲	香	味	觸	法		無	眼	界
빛 색	소리 성	향기 향	맛 미	닿을 촉	법 법		없을 무	눈 안	지경 계
乃	至	無	意	識	界		無	無	明
이에 내	이를 지	없을 무	뜻 의	알 식	지경 계		없을 무	없을 무	밝을 명

수·상·행·식도 또한 이와 같다.
사리자여, 이 모든 법의 공한 모양은 생기지도 않고 소멸하지도 않은 것이며,
더럽지도 않고 깨끗하지도 않은 것이며, 불어나지도 않고 줄어들지도 않은 것이다.
이러한 까닭에 공에는 색이 없으며 수·상·행·식도 없다.
안·이·비·설·신·의도 없으며, 색·성·향·미·촉·법도 없다.
눈의 세계도 없으며 내지 의식의 세계까지 없다.

亦	無	無	明	盡		乃	至	無	老	死
또 역	없을 무	없을 무	밝을 명	다할 진		이에 내	이를 지	없을 무	늙을 노	죽을 사
亦	無	老	死	盡		無	苦	集	滅	道
또 역	없을 무	늙을 노	죽을 사	다할 진		없을 무	괴로울 고	모일 집	멸할 멸	길 도
無	智	亦	無	得		以	無	所	得	故
없을 무	지혜 지	또 역	없을 무	얻을 득		써 이	없을 무	바 소	얻을 득	연고 고
菩	提	薩	埵		依	般	若	波	羅	蜜
보리 보	끌 제(리)	보살 살	언덕 타		의지할 의	일반 반	반야 야	물결 파(바)	그물 라	꿀 밀
多	故		心	無	罣	礙		無	罣	礙
많을 다	연고 고		마음 심	없을 무	걸 괘(가)	거리낄 애		없을 무	걸 괘(가)	거리낄 애
故		無	有	恐	怖		遠	離	顚	倒
연고 고		없을 무	있을 유	두려울 공	두려워할 포		멀 원	떠날 리	넘어질 전	넘어질 도
夢	想		究	竟	涅	槃		三	世	諸
꿈 몽	생각할 상		궁구할 구	다할 경	개흙 열	쟁반 반		석 삼	세상 세	모두 제

무명도 없으며 또한 무명이 다함도 없으며,

내지 노와 사도 없으며, 또한 노와 사가 다함도 없다.

고와 집과 멸과 도도 없다. 지혜도 없고 또한 얻음도 없다.

얻을 것이 없는 까닭에 보리살타는 반야바라밀다를 의지하여 마음에 가애가 없으며,

가애가 없는 까닭에 공포가 없으며, 전도몽상을 멀리 떠나서 구경에는 열반인 것이다.

佛		依	般	若	波	羅	蜜	多	故
부처 **불**		의지할 **의**	일반 **반**	반야 **야**	물결 **파(바)**	그물 **라**	꿀 **밀**	많을 **다**	연고 **고**

得	阿	耨	多	羅	三	藐	三	菩	提
얻을 **득**	언덕 **아**	김맬 **누(뇩)**	많을 **다**	그물 **라**	석 **삼**	아득할 **막(먁)**	석 **삼**	보리 **보**	끌 **제(리)**

故	知	般	若	波	羅	蜜	多		是	大
연고 **고**	알 **지**	일반 **반**	반야 **야**	물결 **파(바)**	그물 **라**	꿀 **밀**	많을 **다**		이 **시**	큰 **대**

神	呪		是	大	明	呪		是	無	上
신통할 **신**	주문 **주**		이 **시**	큰 **대**	밝을 **명**	주문 **주**		이 **시**	없을 **무**	위 **상**

呪		是	無	等	等	呪		能	除	一
주문 **주**		이 **시**	없을 **무**	같을 **등**	같을 **등**	주문 **주**		능할 **능**	제거할 **제**	한 **일**

切	苦		眞	實	不	虛		故	說	般
온통 **체**	괴로울 **고**		참 **진**	열매 **실**	아닐 **불**	빌 **허**		연고 **고**	말씀 **설**	일반 **반**

若	波	羅	蜜	多	呪		卽	說	呪	曰
반야 **야**	물결 **파(바)**	그물 **라**	꿀 **밀**	많을 **다**	주문 **주**		곧 **즉**	말씀 **설**	주문 **주**	가로 **왈**

삼세제불은 반야바라밀다를 의지한 까닭에 아뇩다라삼먁삼보리를 얻는다.
그러므로 알아야 한다. 반야바라밀다는 위대하고 신비로운 주문이며,
크게 밝은 주문이며, 가장 높은 주문이며, 견줄 데 없는 주문이다.
능히 일체의 고뇌를 제거하며 진실하여 헛되지 않다.
고로 반야바라밀다의 주문을 설하노니 곧 주를 설해 말하되,

揭	諦	揭	諦		波	羅	揭	諦		波
들 게(아)	살필 체(제)	들 게(아)	살필 체(제)		물결 파(바)	그물 라	들 게(아)	살필 체(제)		물결 파(바)
羅	僧	揭	諦		菩	提		娑	婆	訶
그물 라	스님 승	들 게(아)	살필 체(제)		보리 보(모)	끌 제(지)		춤출 사	할미 파(바)	꾸짖을 가(하)
揭	諦	揭	諦		波	羅	揭	諦		波
들 게(아)	살필 체(제)	들 게(아)	살필 체(제)		물결 파(바)	그물 라	들 게(아)	살필 체(제)		물결 파(바)
羅	僧	揭	諦		菩	提		娑	婆	訶
그물 라	스님 승	들 게(아)	살필 체(제)		보리 보(모)	끌 제(지)		춤출 사	할미 파(바)	꾸짖을 가(하)
揭	諦	揭	諦		波	羅	揭	諦		波
들 게(아)	살필 체(제)	들 게(아)	살필 체(제)		물결 파(바)	그물 라	들 게(아)	살필 체(제)		물결 파(바)
羅	僧	揭	諦		菩	提		娑	婆	訶
그물 라	스님 승	들 게(아)	살필 체(제)		보리 보(모)	끌 제(지)		춤출 사	할미 파(바)	꾸짖을 가(하)

〈사경 3회〉

아제아제 바라아제 바라승아제 모지 사바하
아제아제 바라아제 바라승아제 모지 사바하
아제아제 바라아제 바라승아제 모지 사바하

摩	訶	般	若	波	羅	蜜	多	心	經	
갈 마	꾸짖을 가(하)	일반 반	반야 야	물결 파(바)	그물 라	꿀 밀	많을 다	마음 심	글 경	

觀	自	在	菩	薩		行	深	般	若	波
볼 관	스스로 자	있을 재	보리 보	보살 살		행할 행	깊을 심	일반 반	반야 야	물결 파(바)
羅	蜜	多	時		照	見	五	蘊	皆	空
그물 라	꿀 밀	많을 다	때 시		비출 조	볼 견	다섯 오	쌓을 온	다 개	빌 공
度	一	切	苦	厄		舍	利	子		色
건널 도	한 일	온통 체	괴로울 고	액 액		집 사	날카로울 리	아들 자		빛 색
不	異	空		空	不	異	色		色	卽
아닐 불	다를 이	빌 공		빌 공	아닐 불	다를 이	빛 색		빛 색	곧 즉
是	空		空	卽	是	色		受	想	行
이 시	빌 공		빌 공	곧 즉	이 시	빛 색		받을 수	생각할 상	행할 행

위대한 지혜로 저 언덕에 이르는 길

관자재보살이 깊은 반야바라밀다를 행할 때

오온이 모두 공함을 비춰 보고 일체 고액을 건넜다.

사리자여, 색은 공과 다르지 않고 공은 색과 다르지 않다.

색은 곧 공이고 공은 곧 색이다.

識		亦	復	如	是		舍	利	子
알 식		또 역	다시 부	같을 여	이 시		집 사	날카로울 리	아들 자
是	諸	法	空	相		不	生	不	滅
이 시	모두 제	법 법	빌 공	형상 상		아닐 불	날 생	아닐 불	멸할 멸
不	垢	不	淨		不	增	不	減		是
아닐 불	때 구	아닐 부	깨끗할 정		아닐 부	더할 증	아닐 불	덜 감		이 시
故		空	中	無	色		無	受	想	行
연고 고		빌 공	가운데 중	없을 무	빛 색		없을 무	받을 수	생각한 상	행할 행
識		無	眼	耳	鼻	舌	身	意		無
알 식		없을 무	눈 안	귀 이	코 비	혀 설	몸 신	뜻 의		없을 무
色	聲	香	味	觸	法		無	眼	界
빛 색	소리 성	향기 향	맛 미	닿을 촉	법 법		없을 무	눈 안	지경 계
乃	至	無	意	識	界		無	無	明
이에 내	이를 지	없을 무	뜻 의	알 식	지경 계		없을 무	없을 무	밝을 명

수·상·행·식도 또한 이와 같다.

사리자여, 이 모든 법의 공한 모양은 생기지도 않고 소멸하지도 않은 것이며,

더럽지도 않고 깨끗하지도 않은 것이며, 불어나지도 않고 줄어들지도 않은 것이다.

이러한 까닭에 공에는 색이 없으며 수·상·행·식도 없다.

안·이·비·설·신·의도 없으며, 색·성·향·미·촉·법도 없다.

눈의 세계도 없으며 내지 의식의 세계까지 없다.

亦	無	無	明	盡		乃	至	無	老	死
또 역	없을 무	없을 무	밝을 명	다할 진		이에 내	이를 지	없을 무	늙을 노	죽을 사
亦	無	老	死	盡		無	苦	集	滅	道
또 역	없을 무	늙을 노	죽을 사	다할 진		없을 무	괴로울 고	모일 집	멸할 멸	길 도
無	智	亦	無	得		以	無	所	得	故
없을 무	지혜 지	또 역	없을 무	얻을 득		써 이	없을 무	바 소	얻을 득	연고 고
菩	提	薩	埵		依	般	若	波	羅	蜜
보리 보	끌 제(리)	보살 살	언덕 타		의지할 의	일반 반	반야 야	물결 파(바)	그물 라	꿀 밀
多	故		心	無	罣	礙		無	罣	礙
많을 다	연고 고		마음 심	없을 무	걸 괘(가)	거리낄 애		없을 무	걸 괘(가)	거리낄 애
故		無	有	恐	怖		遠	離	顚	倒
연고 고		없을 무	있을 유	두려울 공	두려워할 포		멀 원	떠날 리	넘어질 전	넘어질 도
夢	想		究	竟	涅	槃		三	世	諸
꿈 몽	생각할 상		궁구할 구	다할 경	개흙 열	쟁반 반		석 삼	세상 세	모두 제

무명도 없으며 또한 무명이 다함도 없으며,

내지 노와 사도 없으며, 또한 노와 사가 다함도 없다.

고와 집과 멸과 도도 없다. 지혜도 없고 또한 얻음도 없다.

얻을 것이 없는 까닭에 보리살타는 반야바라밀다를 의지하여 마음에 가애가 없으며,

가애가 없는 까닭에 공포가 없으며, 전도몽상을 멀리 떠나서 구경에는 열반인 것이다.

佛		依	般	若	波	羅	蜜	多	故
부처 **불**		의지할 **의**	일반 **반**	반야 **야**	물결 **파(바)**	그물 **라**	꿀 **밀**	많을 **다**	연고 **고**
得	阿	耨	多	羅	三	藐	三	菩	提
얻을 **득**	언덕 **아**	김맬 **누(녹)**	많을 **다**	그물 **라**	석 **삼**	아득할 **막(먁)**	석 **삼**	보리 **보**	끌 **제(리)**
故	知	般	若	波	羅	蜜	多		是	大
---	---	---	---	---	---	---	---	---	---	---
연고 **고**	알 **지**	일반 **반**	반야 **야**	물결 **파(바)**	그물 **라**	꿀 **밀**	많을 **다**		이 **시**	큰 **대**
神	呪		是	大	明	呪		是	無	上
신통할 **신**	주문 **주**		이 **시**	큰 **대**	밝을 **명**	주문 **주**		이 **시**	없을 **무**	위 **상**
呪		是	無	等	等	呪		能	除	一
주문 **주**		이 **시**	없을 **무**	같을 **등**	같을 **등**	주문 **주**		능할 **능**	제거할 **제**	한 **일**
切	苦		眞	實	不	虛		故	說	般
온통 **체**	괴로울 **고**		참 **진**	열매 **실**	아닐 **불**	빌 **허**		연고 **고**	말씀 **설**	일반 **반**
若	波	羅	蜜	多	呪		卽	說	呪	曰
반야 **야**	물결 **파(바)**	그물 **라**	꿀 **밀**	많을 **다**	주문 **주**		곧 **즉**	말씀 **설**	주문 **주**	가로 **왈**

삼세제불은 반야바라밀다를 의지한 까닭에 아뇩다라삼먁삼보리를 얻는다.

그러므로 알아야 한다. 반야바라밀다는 위대하고 신비로운 주문이며,

크게 밝은 주문이며, 가장 높은 주문이며, 견줄 데 없는 주문이다.

능히 일체의 고뇌를 제거하며 진실하여 헛되지 않다.

고로 반야바라밀다의 주문을 설하노니 곧 주를 설해 말하되,

揭	諦	揭	諦		波	羅	揭	諦		波
들 게(아)	살필 체(제)	들 게(아)	살필 체(제)		물결 파(바)	그물 라	들 게(아)	살필 체(제)		물결 파(바)
羅	僧	揭	諦		菩	提		娑	婆	訶
그물 라	스님 승	들 게(아)	살필 체(제)		보리 보(모)	끌 제(지)		춤출 사	할미 파(바)	꾸짖을 가(하)
揭	諦	揭	諦		波	羅	揭	諦		波
들 게(아)	살필 체(제)	들 게(아)	살필 체(제)		물결 파(바)	그물 라	들 게(아)	살필 체(제)		물결 파(바)
羅	僧	揭	諦		菩	提		娑	婆	訶
그물 라	스님 승	들 게(아)	살필 체(제)		보리 보(모)	끌 제(지)		춤출 사	할미 파(바)	꾸짖을 가(하)
揭	諦	揭	諦		波	羅	揭	諦		波
들 게(아)	살필 체(제)	들 게(아)	살필 체(제)		물결 파(바)	그물 라	들 게(아)	살필 체(제)		물결 파(바)
羅	僧	揭	諦		菩	提		娑	婆	訶
그물 라	스님 승	들 게(아)	살필 체(제)		보리 보(모)	끌 제(지)		춤출 사	할미 파(바)	꾸짖을 가(하)

〈사경 4회〉

아제아제 바라아제 바라승아제 모지 사바하
아제아제 바라아제 바라승아제 모지 사바하
아제아제 바라아제 바라승아제 모지 사바하

摩	訶	般	若	波	羅	蜜	多	心	經	
갈 마	꾸짖을 가(하)	일반 반	반야 야	물결 파(바)	그물 라	꿀 밀	많을 다	마음 심	글 경	

觀	自	在	菩	薩		行	深	般	若	波
볼 관	스스로 자	있을 재	보리 보	보살 살		행할 행	깊을 심	일반 반	반야 야	물결 파(바)
羅	蜜	多	時		照	見	五	蘊	皆	空
그물 라	꿀 밀	많을 다	때 시		비출 조	볼 견	다섯 오	쌓을 온	다 개	빌 공
度	一	切	苦	厄		舍	利	子		色
건널 도	한 일	온통 체	괴로울 고	액 액		집 사	날카로울 리	아들 자		빛 색
不	異	空		空	不	異	色		色	即
아닐 불	다를 이	빌 공		빌 공	아닐 불	다를 이	빛 색		빛 색	곧 즉
是	空		空	即	是	色		受	想	行
이 시	빌 공		빌 공	곧 즉	이 시	빛 색		받을 수	생각할 상	행할 행

위대한 지혜로 저 언덕에 이르는 길

관자재보살이 깊은 반야바라밀다를 행할 때
오온이 모두 공함을 비춰 보고 일체 고액을 건넜다.
사리자여, 색은 공과 다르지 않고 공은 색과 다르지 않다.
색은 곧 공이고 공은 곧 색이다.

識		亦	復	如	是		舍	利	子	
알 식		또 역	다시 부	같을 여	이 시		집 사	날카로울 리	아들 자	
是	諸	法	空	相			不	生	不	滅
이 시	모두 제	법 법	빌 공	형상 상			아닐 불	날 생	아닐 불	멸할 멸
不	垢	不	淨		不	增	不	減		是
아닐 불	때 구	아닐 부	깨끗할 정		아닐 부	더할 증	아닐 불	덜 감		이 시
故		空	中	無	色		無	受	想	行
연고 고		빌 공	가운데 중	없을 무	빛 색		없을 무	받을 수	생각할 상	행할 행
識		無	眼	耳	鼻	舌	身	意		無
알 식		없을 무	눈 안	귀 이	코 비	혀 설	몸 신	뜻 의		없을 무
色	聲	香	味	觸	法		無	眼	界	
빛 색	소리 성	향기 향	맛 미	닿을 촉	법 법		없을 무	눈 안	지경 계	
乃	至	無	意	識	界		無	無	明	
이에 내	이를 지	없을 무	뜻 의	알 식	지경 계		없을 무	없을 무	밝을 명	

수·상·행·식도 또한 이와 같다.

사리자여, 이 모든 법의 공한 모양은 생기지도 않고 소멸하지도 않은 것이며,

더럽지도 않고 깨끗하지도 않은 것이며, 불어나지도 않고 줄어들지도 않은 것이다.

이러한 까닭에 공에는 색이 없으며 수·상·행·식도 없다.

안·이·비·설·신·의도 없으며, 색·성·향·미·촉·법도 없다.

눈의 세계도 없으며 내지 의식의 세계까지 없다.

亦	無	無	明	盡		乃	至	無	老	死
또 역	없을 무	없을 무	밝을 명	다할 진		이에 내	이를 지	없을 무	늙을 노	죽을 사
亦	無	老	死	盡		無	苦	集	滅	道
또 역	없을 무	늙을 노	죽을 사	다할 진		없을 무	괴로울 고	모일 집	멸할 멸	길 도
無	智	亦	無	得		以	無	所	得	故
없을 무	지혜 지	또 역	없을 무	얻을 득		써 이	없을 무	바 소	얻을 득	연고 고
菩	提	薩	埵		依	般	若	波	羅	蜜
보리 보	끌 제(리)	보살 살	언덕 타		의지할 의	일반 반	반야 야	물결 파(바)	그물 라	꿀 밀
多	故		心	無	罣	礙		無	罣	礙
많을 다	연고 고		마음 심	없을 무	걸 괘(가)	거리낄 애		없을 무	걸 괘(가)	거리낄 애
故		無	有	恐	怖		遠	離	顚	倒
연고 고		없을 무	있을 유	두려울 공	두려워할 포		멀 원	떠날 리	넘어질 전	넘어질 도
夢	想		究	竟	涅	槃		三	世	諸
꿈 몽	생각할 상		궁구할 구	다할 경	개흙 열	쟁반 반		석 삼	세상 세	모두 제

무명도 없으며 또한 무명이 다함도 없으며,

내지 노와 사도 없으며, 또한 노와 사가 다함도 없다.

고와 집과 멸과 도도 없다. 지혜도 없고 또한 얻음도 없다.

얻을 것이 없는 까닭에 보리살타는 반야바라밀다를 의지하여 마음에 가애가 없으며,

가애가 없는 까닭에 공포가 없으며, 전도몽상을 멀리 떠나서 구경에는 열반인 것이다.

佛		依	般	若	波	羅	蜜	多	故
부처 불		의지할 의	일반 반	반야 야	물결 파(바)	그물 라	꿀 밀	많을 다	연고 고

得	阿	耨	多	羅	三	藐	三	菩	提
얻을 득	언덕 아	김맬 누(녹)	많을 다	그물 라	석 삼	아득할 막(먁)	석 삼	보리 보	끌 제(리)

故	知	般	若	波	羅	蜜	多		是	大
연고 고	알 지	일반 반	반야 야	물결 파(바)	그물 라	꿀 밀	많을 다		이 시	큰 대

神	呪		是	大	明	呪		是	無	上
신통할 신	주문 주		이 시	큰 대	밝을 명	주문 주		이 시	없을 무	위 상

呪		是	無	等	等	呪		能	除	一
주문 주		이 시	없을 무	같을 등	같을 등	주문 주		능할 능	제거할 제	한 일

切	苦		眞	實	不	虛		故	說	般
온통 체	괴로울 고		참 진	열매 실	아닐 불	빌 허		연고 고	말씀 설	일반 반

若	波	羅	蜜	多	呪		卽	說	呪	曰
반야 야	물결 파(바)	그물 라	꿀 밀	많을 다	주문 주		곧 즉	말씀 설	주문 주	가로 왈

삼세제불은 반야바라밀다를 의지한 까닭에 아뇩다라삼먁삼보리를 얻는다.
그러므로 알아야 한다. 반야바라밀다는 위대하고 신비로운 주문이며,
크게 밝은 주문이며, 가장 높은 주문이며, 견줄 데 없는 주문이다.
능히 일체의 고뇌를 제거하며 진실하여 헛되지 않다.
고로 반야바라밀다의 주문을 설하노니 곧 주를 설해 말하되,

揭	諦	揭	諦		波	羅	揭	諦		波
들 게(아)	살필 체(제)	들 게(아)	살필 체(제)		물결 파(바)	그물 라	들 게(아)	살필 체(제)		물결 파(바)
羅	僧	揭	諦		菩	提		娑	婆	訶
그물 라	스님 승	들 게(아)	살필 체(제)		보리 보(모)	끌 제(지)		춤출 사	할미 파(바)	꾸짖을 가(하)
揭	諦	揭	諦		波	羅	揭	諦		波
들 게(아)	살필 체(제)	들 게(아)	살필 체(제)		물결 파(바)	그물 라	들 게(아)	살필 체(제)		물결 파(바)
羅	僧	揭	諦		菩	提		娑	婆	訶
그물 라	스님 승	들 게(아)	살필 체(제)		보리 보(모)	끌 제(지)		춤출 사	할미 파(바)	꾸짖을 가(하)
揭	諦	揭	諦		波	羅	揭	諦		波
들 게(아)	살필 체(제)	들 게(아)	살필 체(제)		물결 파(바)	그물 라	들 게(아)	살필 체(제)		물결 파(바)
羅	僧	揭	諦		菩	提		娑	婆	訶
그물 라	스님 승	들 게(아)	살필 체(제)		보리 보(모)	끌 제(지)		춤출 사	할미 파(바)	꾸짖을 가(하)

〈사경 5회〉

아제아제 바라아제 바라승아제 모지 사바하
아제아제 바라아제 바라승아제 모지 사바하
아제아제 바라아제 바라승아제 모지 사바하

摩	訶	般	若	波	羅	蜜	多	心	經	
갈 마	꾸짖을 가(하)	일반 반	반야 야	물결 파(바)	그물 라	꿀 밀	많을 다	마음 심	글 경	

觀	自	在	菩	薩		行	深	般	若	波
볼 관	스스로 자	있을 재	보리 보	보살 살		행할 행	깊을 심	일반 반	반야 야	물결 파(바)
羅	蜜	多	時		照	見	五	蘊	皆	空
그물 라	꿀 밀	많을 다	때 시		비출 조	볼 견	다섯 오	쌓을 온	다 개	빌 공
度	一	切	苦	厄		舍	利	子		色
건널 도	한 일	온통 체	괴로울 고	액 액		집 사	날카로울 리	아들 자		빛 색
不	異	空		空	不	異	色		色	卽
아닐 불	다를 이	빌 공		빌 공	아닐 불	다를 이	빛 색		빛 색	곧 즉
是	空		空	卽	是	色		受	想	行
이 시	빌 공		빌 공	곧 즉	이 시	빛 색		받을 수	생각할 상	행할 행

위대한 지혜로 저 언덕에 이르는 길

관자재보살이 깊은 반야바라밀다를 행할 때
오온이 모두 공함을 비춰 보고 일체 고액을 건넜다.
사리자여, 색은 공과 다르지 않고 공은 색과 다르지 않다.
색은 곧 공이고 공은 곧 색이다.

識		亦	復	如	是		舍	利	子
알 식		또 역	다시 부	같을 여	이 시		집 사	날카로울 리	아들 자
是	諸	法	空	相		不	生	不	滅
이 시	모두 제	법 법	빌 공	형상 상		아닐 불	날 생	아닐 불	멸할 멸
不	垢	不	淨		不	增	不	減	是
아닐 불	때 구	아닐 부	깨끗할 정		아닐 부	더할 증	아닐 불	덜 감	이 시
故		空	中	無	色		無	受	想	行
연고 고		빌 공	가운데 중	없을 무	빛 색		없을 무	받을 수	생각할 상	행할 행
識		無	眼	耳	鼻	舌	身	意	無
알 식		없을 무	눈 안	귀 이	코 비	혀 설	몸 신	뜻 의	없을 무
色	聲	香	味	觸	法		無	眼	界
빛 색	소리 성	향기 향	맛 미	닿을 촉	법 법		없을 무	눈 안	지경 계
乃	至	無	意	識	界		無	無	明
이에 내	이를 지	없을 무	뜻 의	알 식	지경 계		없을 무	없을 무	밝을 명

수·상·행·식도 또한 이와 같다.

사리자여, 이 모든 법의 공한 모양은 생기지도 않고 소멸하지도 않은 것이며,

더럽지도 않고 깨끗하지도 않은 것이며, 불어나지도 않고 줄어들지도 않은 것이다.

이러한 까닭에 공에는 색이 없으며 수·상·행·식도 없다.

안·이·비·설·신·의도 없으며, 색·성·향·미·촉·법도 없다.

눈의 세계도 없으며 내지 의식의 세계까지 없다.

亦	無	無	明	盡		乃	至	無	老	死
또 역	없을 무	없을 무	밝을 명	다할 진		이에 내	이를 지	없을 무	늙을 노	죽을 사
亦	無	老	死	盡		無	苦	集	滅	道
또 역	없을 무	늙을 노	죽을 사	다할 진		없을 무	괴로울 고	모일 집	멸할 멸	길 도
無	智	亦	無	得		以	無	所	得	故
없을 무	지혜 지	또 역	없을 무	얻을 득		써 이	없을 무	바 소	얻을 득	연고 고
菩	提	薩	埵		依	般	若	波	羅	蜜
보리 보	끌 제(리)	보살 살	언덕 타		의지할 의	일반 반	반야 야	물결 파(바)	그물 라	꿀 밀
多	故		心	無	罣	礙		無	罣	礙
많을 다	연고 고		마음 심	없을 무	걸 괘(가)	거리낄 애		없을 무	걸 괘(가)	거리낄 애
故		無	有	恐	怖		遠	離	顚	倒
연고 고		없을 무	있을 유	두려울 공	두려워할 포		멀 원	떠날 리	넘어질 전	넘어질 도
夢	想		究	竟	涅	槃		三	世	諸
꿈 몽	생각할 상		궁구할 구	다할 경	개흙 열	쟁반 반		석 삼	세상 세	모두 제

무명도 없으며 또한 무명이 다함도 없으며,

내지 노와 사도 없으며, 또한 노와 사가 다함도 없다.

고와 집과 멸과 도도 없다. 지혜도 없고 또한 얻음도 없다.

얻을 것이 없는 까닭에 보리살타는 반야바라밀다를 의지하여 마음에 가애가 없으며,

가애가 없는 까닭에 공포가 없으며, 전도몽상을 멀리 떠나서 구경에는 열반인 것이다.

佛		依	般	若	波	羅	蜜	多	故	
부처 불		의지할 의	일반 반	반야 야	물결 파(바)	그물 라	꿀 밀	많을 다	연고 고	

得	阿	耨	多	羅	三	藐	三	菩	提
얻을 득	언덕 아	김맬 누(녹)	많을 다	그물 라	석 삼	아득할 막(먁)	석 삼	보리 보	끌 제(리)

故	知	般	若	波	羅	蜜	多		是	大
연고 고	알 지	일반 반	반야 야	물결 파(바)	그물 라	꿀 밀	많을 다		이 시	큰 대

神	呪		是	大	明	呪		是	無	上
신통할 신	주문 주		이 시	큰 대	밝을 명	주문 주		이 시	없을 무	위 상

呪		是	無	等	等	呪		能	除	一
주문 주		이 시	없을 무	같을 등	같을 등	주문 주		능할 능	제거할 제	한 일

切	苦		眞	實	不	虛		故	說	般
온통 체	괴로울 고		참 진	열매 실	아닐 불	빌 허		연고 고	말씀 설	일반 반

若	波	羅	蜜	多	呪		卽	說	呪	曰
반야 야	물결 파(바)	그물 라	꿀 밀	많을 다	주문 주		곧 즉	말씀 설	주문 주	가로 왈

삼세제불은 반야바라밀다를 의지한 까닭에 아뇩다라삼먁삼보리를 얻는다.
그러므로 알아야 한다. 반야바라밀다는 위대하고 신비로운 주문이며,
크게 밝은 주문이며, 가장 높은 주문이며, 견줄 데 없는 주문이다.
능히 일체의 고뇌를 제거하며 진실하여 헛되지 않다.
고로 반야바라밀다의 주문을 설하노니 곧 주를 설해 말하되,

揭	諦	揭	諦		波	羅	揭	諦		波
들 게(아)	살필 체(제)	들 게(아)	살필 체(제)		물결 파(바)	그물 라	들 게(아)	살필 체(제)		물결 파(바)
羅	僧	揭	諦		菩	提		娑	婆	訶
그물 라	스님 승	들 게(아)	살필 체(제)		보리 보(모)	끌 제(지)		춤출 사	할미 파(바)	꾸짖을 가(하)
揭	諦	揭	諦		波	羅	揭	諦		波
들 게(아)	살필 체(제)	들 게(아)	살필 체(제)		물결 파(바)	그물 라	들 게(아)	살필 체(제)		물결 파(바)
羅	僧	揭	諦		菩	提		娑	婆	訶
그물 라	스님 승	들 게(아)	살필 체(제)		보리 보(모)	끌 제(지)		춤출 사	할미 파(바)	꾸짖을 가(하)
揭	諦	揭	諦		波	羅	揭	諦		波
들 게(아)	살필 체(제)	들 게(아)	살필 체(제)		물결 파(바)	그물 라	들 게(아)	살필 체(제)		물결 파(바)
羅	僧	揭	諦		菩	提		娑	婆	訶
그물 라	스님 승	들 게(아)	살필 체(제)		보리 보(모)	끌 제(지)		춤출 사	할미 파(바)	꾸짖을 가(하)

〈사경 6회〉

아제아제 바라아제 바라승아제 모지 사바하
아제아제 바라아제 바라승아제 모지 사바하
아제아제 바라아제 바라승아제 모지 사바하

摩	訶	般	若	波	羅	蜜	多	心	經	
갈 마	꾸짖을 가(하)	일반 반	반야 야	물결 파(바)	그물 라	꿀 밀	많을 다	마음 심	글 경	

觀	自	在	菩	薩		行	深	般	若	波
볼 관	스스로 자	있을 재	보리 보	보살 살		행할 행	깊을 심	일반 반	반야 야	물결 파(바)
羅	蜜	多	時		照	見	五	蘊	皆	空
그물 라	꿀 밀	많을 다	때 시		비출 조	볼 견	다섯 오	쌓을 온	다 개	빌 공
度	一	切	苦	厄		舍	利	子		色
건널 도	한 일	온통 체	괴로울 고	액 액		집 사	날카로울 리	아들 자		빛 색
不	異	空		空	不	異	色		色	卽
아닐 불	다를 이	빌 공		빌 공	아닐 불	다를 이	빛 색		빛 색	곧 즉
是	空		空	卽	是	色		受	想	行
이 시	빌 공		빌 공	곧 즉	이 시	빛 색		받을 수	생각할 상	행할 행

위대한 지혜로 저 언덕에 이르는 길

관자재보살이 깊은 반야바라밀다를 행할 때
오온이 모두 공함을 비춰 보고 일체 고액을 건넜다.
사리자여, 색은 공과 다르지 않고 공은 색과 다르지 않다.
색은 곧 공이고 공은 곧 색이다.

識		亦	復	如	是		舍	利	子
알 식		또 역	다시 부	같을 여	이 시		집 사	날카로울 리	아들 자
是	諸	法	空	相		不	生	不	滅
이 시	모두 제	법 법	빌 공	형상 상		아닐 불	날 생	아닐 불	멸할 멸

不	垢	不	淨		不	增	不	減		是
아닐 불	때 구	아닐 부	깨끗할 정		아닐 부	더할 증	아닐 불	덜 감		이 시

故		空	中	無	色		無	受	想	行
연고 고		빌 공	가운데 중	없을 무	빛 색		없을 무	받을 수	생각할 상	행할 행

識		無	眼	耳	鼻	舌	身	意		無
알 식		없을 무	눈 안	귀 이	코 비	혀 설	몸 신	뜻 의		없을 무

色	聲	香	味	觸	法		無	眼	界
빛 색	소리 성	향기 향	맛 미	닿을 촉	법 법		없을 무	눈 안	지경 계

乃	至	無	意	識	界		無	無	明
이에 내	이를 지	없을 무	뜻 의	알 식	지경 계		없을 무	없을 무	밝을 명

수·상·행·식도 또한 이와 같다.

사리자여, 이 모든 법의 공한 모양은 생기지도 않고 소멸하지도 않은 것이며,

더럽지도 않고 깨끗하지도 않은 것이며, 불어나지도 않고 줄어들지도 않은 것이다.

이러한 까닭에 공에는 색이 없으며 수·상·행·식도 없다.

안·이·비·설·신·의도 없으며, 색·성·향·미·촉·법도 없다.

눈의 세계도 없으며 내지 의식의 세계까지 없다.

亦	無	無	明	盡		乃	至	無	老	死
또 역	없을 무	없을 무	밝을 명	다할 진		이에 내	이를 지	없을 무	늙을 노	죽을 사
亦	無	老	死	盡		無	苦	集	滅	道
또 역	없을 무	늙을 노	죽을 사	다할 진		없을 무	괴로울 고	모일 집	멸할 멸	길 도
無	智	亦	無	得		以	無	所	得	故
없을 무	지혜 지	또 역	없을 무	얻을 득		써 이	없을 무	바 소	얻을 득	연고 고
菩	提	薩	埵		依	般	若	波	羅	蜜
보리 보	끌 제(리)	보살 살	언덕 타		의지할 의	일반 반	반야 야	물결 파(바)	그물 라	꿀 밀
多	故		心	無	罣	礙		無	罣	礙
많을 다	연고 고		마음 심	없을 무	걸 괘(가)	거리낄 애		없을 무	걸 괘(가)	거리낄 애
故		無	有	恐	怖		遠	離	顚	倒
연고 고		없을 무	있을 유	두려울 공	두려워할 포		멀 원	떠날 리	넘어질 전	넘어질 도
夢	想		究	竟	涅	槃		三	世	諸
꿈 몽	생각할 상		궁구할 구	다할 경	개흙 열	쟁반 반		석 삼	세상 세	모두 제

무명도 없으며 또한 무명이 다함도 없으며,

내지 노와 사도 없으며, 또한 노와 사가 다함도 없다.

고와 집과 멸과 도도 없다. 지혜도 없고 또한 얻음도 없다.

얻을 것이 없는 까닭에 보리살타는 반야바라밀다를 의지하여 마음에 가애가 없으며,

가애가 없는 까닭에 공포가 없으며, 전도몽상을 멀리 떠나서 구경에는 열반인 것이다.

佛		依	般	若	波	羅	蜜	多	故	
부처 불		의지할 의	일반 반	반야 야	물결 파(바)	그물 라	꿀 밀	많을 다	연고 고	

得	阿	耨	多	羅	三	藐	三	菩	提	
얻을 득	언덕 아	김맬 누(녹)	많을 다	그물 라	석 삼	아득할 막(먁)	석 삼	보리 보	끌 제(리)	

故	知	般	若	波	羅	蜜	多		是	大
연고 고	알 지	일반 반	반야 야	물결 파(바)	그물 라	꿀 밀	많을 다		이 시	큰 대

神	呪		是	大	明	呪		是	無	上
신통할 신	주문 주		이 시	큰 대	밝을 명	주문 주		이 시	없을 무	위 상

呪		是	無	等	等	呪		能	除	一
주문 주		이 시	없을 무	같을 등	같을 등	주문 주		능할 능	제거할 제	한 일

切	苦		眞	實	不	虛		故	說	般
온통 체	괴로울 고		참 진	열매 실	아닐 불	빌 허		연고 고	말씀 설	일반 반

若	波	羅	蜜	多	呪		即	說	呪	曰
반야 야	물결 파(바)	그물 라	꿀 밀	많을 다	주문 주		곧 즉	말씀 설	주문 주	가로 왈

삼세제불은 반야바라밀다를 의지한 까닭에 아뇩다라삼먁삼보리를 얻는다.

그러므로 알아야 한다. 반야바라밀다는 위대하고 신비로운 주문이며,

크게 밝은 주문이며, 가장 높은 주문이며, 견줄 데 없는 주문이다.

능히 일체의 고뇌를 제거하며 진실하여 헛되지 않다.

고로 반야바라밀다의 주문을 설하노니 곧 주를 설해 말하되,

揭	諦	揭	諦		波	羅	揭	諦		波
들 게(아)	살필 체(제)	들 게(아)	살필 체(제)		물결 파(바)	그물 라	들 게(아)	살필 체(제)		물결 파(바)
羅	僧	揭	諦		菩	提		娑	婆	訶
그물 라	스님 승	들 게(아)	살필 체(제)		보리 보(모)	끌 제(지)		춤출 사	할미 파(바)	꾸짖을 가(하)
揭	諦	揭	諦		波	羅	揭	諦		波
들 게(아)	살필 체(제)	들 게(아)	살필 체(제)		물결 파(바)	그물 라	들 게(아)	살필 체(제)		물결 파(바)
羅	僧	揭	諦		菩	提		娑	婆	訶
그물 라	스님 승	들 게(아)	살필 체(제)		보리 보(모)	끌 제(지)		춤출 사	할미 파(바)	꾸짖을 가(하)
揭	諦	揭	諦		波	羅	揭	諦		波
들 게(아)	살필 체(제)	들 게(아)	살필 체(제)		물결 파(바)	그물 라	들 게(아)	살필 체(제)		물결 파(바)
羅	僧	揭	諦		菩	提		娑	婆	訶
그물 라	스님 승	들 게(아)	살필 체(제)		보리 보(모)	끌 제(지)		춤출 사	할미 파(바)	꾸짖을 가(하)

〈사경 7회〉

아제아제 바라아제 바라승아제 모지 사바하
아제아제 바라아제 바라승아제 모지 사바하
아제아제 바라아제 바라승아제 모지 사바하

摩	訶	般	若	波	羅	蜜	多	心	經	
갈 마	꾸짖을 가(하)	일반 반	반야 야	물결 파(바)	그물 라	꿀 밀	많을 다	마음 심	글 경	

觀	自	在	菩	薩		行	深	般	若	波
볼 관	스스로 자	있을 재	보리 보	보살 살		행할 행	깊을 심	일반 반	반야 야	물결 파(바)
羅	蜜	多	時		照	見	五	蘊	皆	空
그물 라	꿀 밀	많을 다	때 시		비출 조	볼 견	다섯 오	쌓을 온	다 개	빌 공
度	一	切	苦	厄		舍	利	子		色
건널 도	한 일	온통 체	괴로울 고	액 액		집 사	날카로울 리	아들 자		빛 색
不	異	空		空	不	異	色		色	卽
아닐 불	다를 이	빌 공		빌 공	아닐 불	다를 이	빛 색		빛 색	곧 즉
是	空		空	卽	是	色		受	想	行
이 시	빌 공		빌 공	곧 즉	이 시	빛 색		받을 수	생각할 상	행할 행

위대한 지혜로 저 언덕에 이르는 길

관자재보살이 깊은 반야바라밀다를 행할 때
오온이 모두 공함을 비춰 보고 일체 고액을 건넜다.
사리자여, 색은 공과 다르지 않고 공은 색과 다르지 않다.
색은 곧 공이고 공은 곧 색이다.

識		亦	復	如	是		舍	利	子
알 식		또 역	다시 부	같을 여	이 시		집 사	날카로울 리	아들 자
是	諸	法	空	相		不	生	不	滅
이 시	모두 제	법 법	빌 공	형상 상		아닐 불	날 생	아닐 불	멸할 멸
不	垢	不	淨		不	增	不	減	是
아닐 불	때 구	아닐 부	깨끗할 정		아닐 부	더할 증	아닐 불	덜 감	이 시
故		空	中	無	色		無	受	想	行
연고 고		빌 공	가운데 중	없을 무	빛 색		없을 무	받을 수	생각할 상	행할 행
識		無	眼	耳	鼻	舌	身	意		無
알 식		없을 무	눈 안	귀 이	코 비	혀 설	몸 신	뜻 의		없을 무
色	聲	香	味	觸	法		無	眼	界
빛 색	소리 성	향기 향	맛 미	닿을 촉	법 법		없을 무	눈 안	지경 계
乃	至	無	意	識	界		無	無	明
이에 내	이를 지	없을 무	뜻 의	알 식	지경 계		없을 무	없을 무	밝을 명

수・상・행・식도 또한 이와 같다.

사리자여, 이 모든 법의 공한 모양은 생기지도 않고 소멸하지도 않은 것이며,

더럽지도 않고 깨끗하지도 않은 것이며, 불어나지도 않고 줄어들지도 않은 것이다.

이러한 까닭에 공에는 색이 없으며 수・상・행・식도 없다.

안・이・비・설・신・의도 없으며, 색・성・향・미・촉・법도 없다.

눈의 세계도 없으며 내지 의식의 세계까지 없다.

亦	無	無	明	盡		乃	至	無	老	死
또 역	없을 무	없을 무	밝을 명	다할 진		이에 내	이를 지	없을 무	늙을 노	죽을 사
亦	無	老	死	盡		無	苦	集	滅	道
또 역	없을 무	늙을 노	죽을 사	다할 진		없을 무	괴로울 고	모일 집	멸할 멸	길 도
無	智	亦	無	得		以	無	所	得	故
없을 무	지혜 지	또 역	없을 무	얻을 득		써 이	없을 무	바 소	얻을 득	연고 고
菩	提	薩	埵		依	般	若	波	羅	蜜
보리 보	끝 제(리)	보살 살	언덕 타		의지할 의	일반 반	반야 야	물결 파(바)	그물 라	꿀 밀
多	故		心	無	罣	礙		無	罣	礙
많을 다	연고 고		마음 심	없을 무	걸 괘(가)	거리낄 애		없을 무	걸 괘(가)	거리낄 애
故		無	有	恐	怖		遠	離	顚	倒
연고 고		없을 무	있을 유	두려울 공	두려워할 포		멀 원	떠날 리	넘어질 전	넘어질 도
夢	想		究	竟	涅	槃		三	世	諸
꿈 몽	생각할 상		궁구할 구	다할 경	개흙 열	쟁반 반		석 삼	세상 세	모두 제

무명도 없으며 또한 무명이 다함도 없으며,

내지 노와 사도 없으며, 또한 노와 사가 다함도 없다.

고와 집과 멸과 도도 없다. 지혜도 없고 또한 얻음도 없다.

얻을 것이 없는 까닭에 보리살타는 반야바라밀다를 의지하여 마음에 가애가 없으며,

가애가 없는 까닭에 공포가 없으며, 전도몽상을 멀리 떠나서 구경에는 열반인 것이다.

佛		依	般	若	波	羅	蜜	多	故	
부처 불		의지할 의	일반 반	반야 야	물결 파(바)	그물 라	꿀 밀	많을 다	연고 고	
得	阿	耨	多	羅	三	藐	三	菩	提	
얻을 득	언덕 아	김맬 누(뇩)	많을 다	그물 라	석 삼	아득할 막(먁)	석 삼	보리 보	끝 제(리)	
故	知	般	若	波	羅	蜜	多		是	大
연고 고	알 지	일반 반	반야 야	물결 파(바)	그물 라	꿀 밀	많을 다		이 시	큰 대
神	呪		是	大	明	呪		是	無	上
신통할 신	주문 주		이 시	큰 대	밝을 명	주문 주		이 시	없을 무	위 상
呪		是	無	等	等	呪		能	除	一
주문 주		이 시	없을 무	같을 등	같을 등	주문 주		능할 능	제거할 제	한 일
切	苦		眞	實	不	虛		故	說	般
온통 체	괴로울 고		참 진	열매 실	아닐 불	빌 허		연고 고	말씀 설	일반 반
若	波	羅	蜜	多	呪		卽	說	呪	曰
반야 야	물결 파(바)	그물 라	꿀 밀	많을 다	주문 주		곧 즉	말씀 설	주문 주	가로 왈

삼세제불은 반야바라밀다를 의지한 까닭에 아뇩다라삼먁삼보리를 얻는다.
그러므로 알아야 한다. 반야바라밀다는 위대하고 신비로운 주문이며,
크게 밝은 주문이며, 가장 높은 주문이며, 견줄 데 없는 주문이다.
능히 일체의 고뇌를 제거하며 진실하여 헛되지 않다.
고로 반야바라밀다의 주문을 설하노니 곧 주를 설해 말하되,

揭	諦	揭	諦		波	羅	揭	諦		波
들 게(아)	살필 체(제)	들 게(아)	살필 체(제)		물결 파(바)	그물 라	들 게(아)	살필 체(제)		물결 파(바)
羅	僧	揭	諦		菩	提		娑	婆	訶
그물 라	스님 승	들 게(아)	살필 체(제)		보리 보(모)	끌 제(지)		춤출 사	할미 파(바)	꾸짖을 가(하)
揭	諦	揭	諦		波	羅	揭	諦		波
들 게(아)	살필 체(제)	들 게(아)	살필 체(제)		물결 파(바)	그물 라	들 게(아)	살필 체(제)		물결 파(바)
羅	僧	揭	諦		菩	提		娑	婆	訶
그물 라	스님 승	들 게(아)	살필 체(제)		보리 보(모)	끌 제(지)		춤출 사	할미 파(바)	꾸짖을 가(하)
揭	諦	揭	諦		波	羅	揭	諦		波
들 게(아)	살필 체(제)	들 게(아)	살필 체(제)		물결 파(바)	그물 라	들 게(아)	살필 체(제)		물결 파(바)
羅	僧	揭	諦		菩	提		娑	婆	訶
그물 라	스님 승	들 게(아)	살필 체(제)		보리 보(모)	끌 제(지)		춤출 사	할미 파(바)	꾸짖을 가(하)

〈사경 8회〉

아제아제 바라아제 바라승아제 모지 사바하
아제아제 바라아제 바라승아제 모지 사바하
아제아제 바라아제 바라승아제 모지 사바하

摩	訶	般	若	波	羅	蜜	多	心	經	
갈 마	꾸짖을 가(하)	일반 반	반야 야	물결 파(바)	그물 라	꿀 밀	많을 다	마음 심	글 경	

觀	自	在	菩	薩		行	深	般	若	波
볼 관	스스로 자	있을 재	보리 보	보살 살		행할 행	깊을 심	일반 반	반야 야	물결 파(바)
羅	蜜	多	時		照	見	五	蘊	皆	空
그물 라	꿀 밀	많을 다	때 시		비출 조	볼 견	다섯 오	쌓을 온	다 개	빌 공
度	一	切	苦	厄		舍	利	子		色
건널 도	한 일	온통 체	괴로울 고	액 액		집 사	날카로울 리	아들 자		빛 색
不	異	空		空	不	異	色		色	卽
아닐 불	다를 이	빌 공		빌 공	아닐 불	다를 이	빛 색		빛 색	곧 즉
是	空		空	卽	是	色		受	想	行
이 시	빌 공		빌 공	곧 즉	이 시	빛 색		받을 수	생각할 상	행할 행

위대한 지혜로 저 언덕에 이르는 길

관자재보살이 깊은 반야바라밀다를 행할 때
오온이 모두 공함을 비춰 보고 일체 고액을 건넜다.
사리자여, 색은 공과 다르지 않고 공은 색과 다르지 않다.
색은 곧 공이고 공은 곧 색이다.

識		亦	復	如	是		舍	利	子	
알 식		또 역	다시 부	같을 여	이 시		집 사	날카로울 리	아들 자	
是	諸	法	空	相		不	生	不	滅	
이 시	모두 제	법 법	빌 공	형상 상		아닐 불	날 생	아닐 불	멸할 멸	
不	垢	不	淨		不	增	不	減		是
아닐 불	때 구	아닐 부	깨끗할 정		아닐 부	더할 증	아닐 불	덜 감		이 시
故		空	中	無	色		無	受	想	行
연고 고		빌 공	가운데 중	없을 무	빛 색		없을 무	받을 수	생각할 상	행할 행
識		無	眼	耳	鼻	舌	身	意		無
알 식		없을 무	눈 안	귀 이	코 비	혀 설	몸 신	뜻 의		없을 무
色	聲	香	味	觸	法		無	眼	界	
빛 색	소리 성	향기 향	맛 미	닿을 촉	법 법		없을 무	눈 안	지경 계	
乃	至	無	意	識	界		無	無	明	
이에 내	이를 지	없을 무	뜻 의	알 식	지경 계		없을 무	없을 무	밝을 명	

수·상·행·식도 또한 이와 같다.

사리자여, 이 모든 법의 공한 모양은 생기지도 않고 소멸하지도 않은 것이며,

더럽지도 않고 깨끗하지도 않은 것이며, 불어나지도 않고 줄어들지도 않은 것이다.

이러한 까닭에 공에는 색이 없으며 수·상·행·식도 없다.

안·이·비·설·신·의도 없으며, 색·성·향·미·촉·법도 없다.

눈의 세계도 없으며 내지 의식의 세계까지 없다.

亦	無	無	明	盡		乃	至	無	老	死
또 역	없을 무	없을 무	밝을 명	다할 진		이에 내	이를 지	없을 무	늙을 노	죽을 사
亦	無	老	死	盡		無	苦	集	滅	道
또 역	없을 무	늙을 노	죽을 사	다할 진		없을 무	괴로울 고	모일 집	멸할 멸	길 도
無	智	亦	無	得		以	無	所	得	故
없을 무	지혜 지	또 역	없을 무	얻을 득		써 이	없을 무	바 소	얻을 득	연고 고
菩	提	薩	埵			依	般	若	波	羅	蜜
보리 보	끌 제(리)	보살 살	언덕 타			의지할 의	일반 반	반야 야	물결 파(바)	그물 라	꿀 밀
多	故		心	無	罣	礙		無	罣	礙
많을 다	연고 고		마음 심	없을 무	걸 괘(가)	거리낄 애		없을 무	걸 괘(가)	거리낄 애
故			無	有	恐	怖		遠	離	顛	倒
연고 고			없을 무	있을 유	두려울 공	두려워할 포		멀 원	떠날 리	넘어질 전	넘어질 도
夢	想		究	竟	涅	槃		三	世	諸
꿈 몽	생각할 상		궁구할 구	다할 경	개흙 열	쟁반 반		석 삼	세상 세	모두 제

무명도 없으며 또한 무명이 다함도 없으며,

내지 노와 사도 없으며, 또한 노와 사가 다함도 없다.

고와 집과 멸과 도도 없다. 지혜도 없고 또한 얻음도 없다.

얻을 것이 없는 까닭에 보리살타는 반야바라밀다를 의지하여 마음에 가애가 없으며,

가애가 없는 까닭에 공포가 없으며, 전도몽상을 멀리 떠나서 구경에는 열반인 것이다.

佛		依	般	若	波	羅	蜜	多	故
부처 불		의지할 의	일반 반	반야 야	물결 파(바)	그물 라	꿀 밀	많을 다	연고 고
得	阿	耨	多	羅	三	藐	三	菩	提
얻을 득	언덕 아	김맬 누(뇩)	많을 다	그물 라	석 삼	아득할 막(먁)	석 삼	보리 보	끌 제(리)
故	知	般	若	波	羅	蜜	多		是	大
연고 고	알 지	일반 반	반야 야	물결 파(바)	그물 라	꿀 밀	많을 다		이 시	큰 대
神	呪		是	大	明	呪		是	無	上
신통할 신	주문 주		이 시	큰 대	밝을 명	주문 주		이 시	없을 무	위 상
呪		是	無	等	等	呪		能	除	一
주문 주		이 시	없을 무	같을 등	같을 등	주문 주		능할 능	제거할 제	한 일
切	苦		眞	實	不	虛		故	說	般
온통 체	괴로울 고		참 진	열매 실	아닐 불	빌 허		연고 고	말씀 설	일반 반
若	波	羅	蜜	多	呪		即	說	呪	曰
반야 야	물결 파(바)	그물 라	꿀 밀	많을 다	주문 주		곧 즉	말씀 설	주문 주	가로 왈

삼세제불은 반야바라밀다를 의지한 까닭에 아뇩다라삼먁삼보리를 얻는다.
그러므로 알아야 한다. 반야바라밀다는 위대하고 신비로운 주문이며,
크게 밝은 주문이며, 가장 높은 주문이며, 견줄 데 없는 주문이다.
능히 일체의 고뇌를 제거하며 진실하여 헛되지 않다.
고로 반야바라밀다의 주문을 설하노니 곧 주를 설해 말하되,

揭	諦	揭	諦		波	羅	揭	諦		波
들 게(아)	살필 체(제)	들 게(아)	살필 체(제)		물결 파(바)	그물 라	들 게(아)	살필 체(제)		물결 파(바)
羅	僧	揭	諦		菩	提		娑	婆	訶
그물 라	스님 승	들 게(아)	살필 체(제)		보리 보(모)	끌 제(지)		춤출 사	할미 파(바)	꾸짖을 가(하)
揭	諦	揭	諦		波	羅	揭	諦		波
들 게(아)	살필 체(제)	들 게(아)	살필 체(제)		물결 파(바)	그물 라	들 게(아)	살필 체(제)		물결 파(바)
羅	僧	揭	諦		菩	提		娑	婆	訶
그물 라	스님 승	들 게(아)	살필 체(제)		보리 보(모)	끌 제(지)		춤출 사	할미 파(바)	꾸짖을 가(하)
揭	諦	揭	諦		波	羅	揭	諦		波
들 게(아)	살필 체(제)	들 게(아)	살필 체(제)		물결 파(바)	그물 라	들 게(아)	살필 체(제)		물결 파(바)
羅	僧	揭	諦		菩	提		娑	婆	訶
그물 라	스님 승	들 게(아)	살필 체(제)		보리 보(모)	끌 제(지)		춤출 사	할미 파(바)	꾸짖을 가(하)

〈 사경 9회 〉

아제아제 바라아제 바라승아제 모지 사바하
아제아제 바라아제 바라승아제 모지 사바하
아제아제 바라아제 바라승아제 모지 사바하

摩	訶	般	若	波	羅	蜜	多	心	經	
갈 마	꾸짖을 가(하)	일반 반	반야 야	물결 파(바)	그물 라	꿀 밀	많을 다	마음 심	글 경	

觀	自	在	菩	薩		行	深	般	若	波
볼 관	스스로 자	있을 재	보리 보	보살 살		행할 행	깊을 심	일반 반	반야 야	물결 파(바)

羅	蜜	多	時		照	見	五	蘊	皆	空
그물 라	꿀 밀	많을 다	때 시		비출 조	볼 견	다섯 오	쌓을 온	다 개	빌 공

度	一	切	苦	厄		舍	利	子		色
건널 도	한 일	온통 체	괴로울 고	액 액		집 사	날카로울 리	아들 자		빛 색

不	異	空		空	不	異	色		色	卽
아닐 불	다를 이	빌 공		빌 공	아닐 불	다를 이	빛 색		빛 색	곧 즉

是	空		空	卽	是	色		受	想	行
이 시	빌 공		빌 공	곧 즉	이 시	빛 색		받을 수	생각할 상	행할 행

위대한 지혜로 저 언덕에 이르는 길

관자재보살이 깊은 반야바라밀다를 행할 때
오온이 모두 공함을 비춰 보고 일체 고액을 건넜다.
사리자여, 색은 공과 다르지 않고 공은 색과 다르지 않다.
색은 곧 공이고 공은 곧 색이다.

識		亦	復	如	是		舍	利	子
알 식		또 역	다시 부	같을 여	이 시		집 사	날카로울 리	아들 자
是	諸	法	空	相		不	生	不	滅
이 시	모두 제	법 법	빌 공	형상 상		아닐 불	날 생	아닐 불	멸할 멸
不	垢	不	淨		不	增	不	減	是
아닐 불	때 구	아닐 부	깨끗할 정		아닐 부	더할 증	아닐 불	덜 감	이 시
故		空	中	無	色		無	受	想	行
연고 고		빌 공	가운데 중	없을 무	빛 색		없을 무	받을 수	생각할 상	행할 행
識		無	眼	耳	鼻	舌	身	意		無
알 식		없을 무	눈 안	귀 이	코 비	혀 설	몸 신	뜻 의		없을 무
色	聲	香	味	觸	法		無	眼	界
빛 색	소리 성	향기 향	맛 미	닿을 촉	법 법		없을 무	눈 안	지경 계
乃	至	無	意	識	界		無	無	明
이에 내	이를 지	없을 무	뜻 의	알 식	지경 계		없을 무	없을 무	밝을 명

수·상·행·식도 또한 이와 같다.

사리자여, 이 모든 법의 공한 모양은 생기지도 않고 소멸하지도 않은 것이며,

더럽지도 않고 깨끗하지도 않은 것이며, 불어나지도 않고 줄어들지도 않은 것이다.

이러한 까닭에 공에는 색이 없으며 수·상·행·식도 없다.

안·이·비·설·신·의도 없으며, 색·성·향·미·촉·법도 없다.

눈의 세계도 없으며 내지 의식의 세계까지 없다.

亦	無	無	明	盡		乃	至	無	老	死
또 역	없을 무	없을 무	밝을 명	다할 진		이에 내	이를 지	없을 무	늙을 노	죽을 사
亦	無	老	死	盡		無	苦	集	滅	道
또 역	없을 무	늙을 노	죽을 사	다할 진		없을 무	괴로울 고	모일 집	멸할 멸	길 도
無	智	亦	無	得		以	無	所	得	故
없을 무	지혜 지	또 역	없을 무	얻을 득		써 이	없을 무	바 소	얻을 득	연고 고
菩	提	薩	埵		依	般	若	波	羅	蜜
보리 보	끌 제(리)	보살 살	언덕 타		의지할 의	일반 반	반야 야	물결 파(바)	그물 라	꿀 밀
多	故		心	無	罣	礙		無	罣	礙
많을 다	연고 고		마음 심	없을 무	걸 괘(가)	거리낄 애		없을 무	걸 괘(가)	거리낄 애
故		無	有	恐	怖		遠	離	顛	倒
연고 고		없을 무	있을 유	두려울 공	두려워할 포		멀 원	떠날 리	넘어질 전	넘어질 도
夢	想		究	竟	涅	槃		三	世	諸
꿈 몽	생각할 상		궁구할 구	다할 경	개흙 열	쟁반 반		석 삼	세상 세	모두 제

무명도 없으며 또한 무명이 다함도 없으며,

내지 노와 사도 없으며, 또한 노와 사가 다함도 없다.

고와 집과 멸과 도도 없다. 지혜도 없고 또한 얻음도 없다.

얻을 것이 없는 까닭에 보리살타는 반야바라밀다를 의지하여 마음에 가애가 없으며,

가애가 없는 까닭에 공포가 없으며, 전도몽상을 멀리 떠나서 구경에는 열반인 것이다.

佛		依	般	若	波	羅	蜜	多	故	
부처 불		의지할 의	일반 반	반야 야	물결 파(바)	그물 라	꿀 밀	많을 다	연고 고	
得	阿	耨	多	羅	三	藐	三	菩	提	
얻을 득	언덕 아	김맬 누(녹)	많을 다	그물 라	석 삼	아득할 막(먁)	석 삼	보리 보	끌 제(리)	
故	知	般	若	波	羅	蜜	多		是	大
연고 고	알 지	일반 반	반야 야	물결 파(바)	그물 라	꿀 밀	많을 다		이 시	큰 대
神	呪		是	大	明	呪		是	無	上
신통할 신	주문 주		이 시	큰 대	밝을 명	주문 주		이 시	없을 무	위 상
呪		是	無	等	等	呪		能	除	一
주문 주		이 시	없을 무	같을 등	같을 등	주문 주		능할 능	제거할 제	한 일
切	苦		眞	實	不	虛		故	說	般
온통 체	괴로울 고		참 진	열매 실	아닐 불	빌 허		연고 고	말씀 설	일반 반
若	波	羅	蜜	多	呪		卽	說	呪	曰
반야 야	물결 파(바)	그물 라	꿀 밀	많을 다	주문 주		곧 즉	말씀 설	주문 주	가로 왈

삼세제불은 반야바라밀다를 의지한 까닭에 아녹다라삼먁삼보리를 얻는다.

그러므로 알아야 한다. 반야바라밀다는 위대하고 신비로운 주문이며,

크게 밝은 주문이며, 가장 높은 주문이며, 견줄 데 없는 주문이다.

능히 일체의 고뇌를 제거하며 진실하여 헛되지 않다.

고로 반야바라밀다의 주문을 설하노니 곧 주를 설해 말하되,

揭	諦	揭	諦		波	羅	揭	諦		波
들 게(아)	살필 체(제)	들 게(아)	살필 체(제)		물결 파(바)	그물 라	들 게(아)	살필 체(제)		물결 파(바)
羅	僧	揭	諦		菩	提		娑	婆	訶
그물 라	스님 승	들 게(아)	살필 체(제)		보리 보(모)	끝 제(지)		춤출 사	할미 파(바)	꾸짖을 가(하)
揭	諦	揭	諦		波	羅	揭	諦		波
들 게(아)	살필 체(제)	들 게(아)	살필 체(제)		물결 파(바)	그물 라	들 게(아)	살필 체(제)		물결 파(바)
羅	僧	揭	諦		菩	提		娑	婆	訶
그물 라	스님 승	들 게(아)	살필 체(제)		보리 보(모)	끝 제(지)		춤출 사	할미 파(바)	꾸짖을 가(하)
揭	諦	揭	諦		波	羅	揭	諦		波
들 게(아)	살필 체(제)	들 게(아)	살필 체(제)		물결 파(바)	그물 라	들 게(아)	살필 체(제)		물결 파(바)
羅	僧	揭	諦		菩	提		娑	婆	訶
그물 라	스님 승	들 게(아)	살필 체(제)		보리 보(모)	끝 제(지)		춤출 사	할미 파(바)	꾸짖을 가(하)

〈사경 10회〉

아제아제 바라아제 바라승아제 모지 사바하
아제아제 바라아제 바라승아제 모지 사바하
아제아제 바라아제 바라승아제 모지 사바하

摩	訶	般	若	波	羅	蜜	多	心	經	
갈 마	꾸짖을 가(하)	일반 반	반야 야	물결 파(바)	그물 라	꿀 밀	많을 다	마음 심	글 경	

觀	自	在	菩	薩		行	深	般	若	波
볼 관	스스로 자	있을 재	보리 보	보살 살		행할 행	깊을 심	일반 반	반야 야	물결 파(바)
羅	蜜	多	時		照	見	五	蘊	皆	空
그물 라	꿀 밀	많을 다	때 시		비출 조	볼 견	다섯 오	쌓을 온	다 개	빌 공
度	一	切	苦	厄		舍	利	子		色
건널 도	한 일	온통 체	괴로울 고	액 액		집 사	날카로울 리	아들 자		빛 색
不	異	空		空	不	異	色		色	卽
아닐 불	다를 이	빌 공		빌 공	아닐 불	다를 이	빛 색		빛 색	곧 즉
是	空		空	卽	是	色		受	想	行
이 시	빌 공		빌 공	곧 즉	이 시	빛 색		받을 수	생각할 상	행할 행

위대한 지혜로 저 언덕에 이르는 길

관자재보살이 깊은 반야바라밀다를 행할 때
오온이 모두 공함을 비춰 보고 일체 고액을 건넜다.
사리자여, 색은 공과 다르지 않고 공은 색과 다르지 않다.
색은 곧 공이고 공은 곧 색이다.

識		亦	復	如	是		舍	利	子	
알 식		또 역	다시 부	같을 여	이 시		집 사	날카로울 리	아들 자	
是	諸	法	空	相		不	生	不	滅	
이 시	모두 제	법 법	빌 공	형상 상		아닐 불	날 생	아닐 불	멸할 멸	
不	垢	不	淨		不	增	不	減		是
아닐 불	때 구	아닐 부	깨끗할 정		아닐 부	더할 증	아닐 불	덜 감		이 시
故		空	中	無	色		無	受	想	行
연고 고		빌 공	가운데 중	없을 무	빛 색		없을 무	받을 수	생각할 상	행할 행
識		無	眼	耳	鼻	舌	身	意		無
알 식		없을 무	눈 안	귀 이	코 비	혀 설	몸 신	뜻 의		없을 무
色	聲	香	味	觸	法		無	眼	界	
빛 색	소리 성	향기 향	맛 미	닿을 촉	법 법		없을 무	눈 안	지경 계	
乃	至	無	意	識	界		無	無	明	
이에 내	이를 지	없을 무	뜻 의	알 식	지경 계		없을 무	없을 무	밝을 명	

수·상·행·식도 또한 이와 같다.

사리자여, 이 모든 법의 공한 모양은 생기지도 않고 소멸하지도 않은 것이며,

더럽지도 않고 깨끗하지도 않은 것이며, 불어나지도 않고 줄어들지도 않은 것이다.

이러한 까닭에 공에는 색이 없으며 수·상·행·식도 없다.

안·이·비·설·신·의도 없으며, 색·성·향·미·촉·법도 없다.

눈의 세계도 없으며 내지 의식의 세계까지 없다.

亦	無	無	明	盡		乃	至	無	老	死
또 역	없을 무	없을 무	밝을 명	다할 진		이에 내	이를 지	없을 무	늙을 노	죽을 사
亦	無	老	死	盡		無	苦	集	滅	道
또 역	없을 무	늙을 노	죽을 사	다할 진		없을 무	괴로울 고	모일 집	멸할 멸	길 도
無	智	亦	無	得		以	無	所	得	故
없을 무	지혜 지	또 역	없을 무	얻을 득		써 이	없을 무	바 소	얻을 득	연고 고
菩	提	薩	埵		依	般	若	波	羅	蜜
보리 보	끌 제(리)	보살 살	언덕 타		의지할 의	일반 반	반야 야	물결 파(바)	그물 라	꿀 밀
多	故		心	無	罣	礙		無	罣	礙
많을 다	연고 고		마음 심	없을 무	걸 괘(가)	거리낄 애		없을 무	걸 괘(가)	거리낄 애
故		無	有	恐	怖		遠	離	顚	倒
연고 고		없을 무	있을 유	두려울 공	두려워할 포		멀 원	떠날 리	넘어질 전	넘어질 도
夢	想		究	竟	涅	槃		三	世	諸
꿈 몽	생각할 상		궁구할 구	다할 경	개흙 열	쟁반 반		석 삼	세상 세	모두 제

무명도 없으며 또한 무명이 다함도 없으며,

내지 노와 사도 없으며, 또한 노와 사가 다함도 없다.

고와 집과 멸과 도도 없다. 지혜도 없고 또한 얻음도 없다.

얻을 것이 없는 까닭에 보리살타는 반야바라밀다를 의지하여 마음에 가애가 없으며,

가애가 없는 까닭에 공포가 없으며, 전도몽상을 멀리 떠나서 구경에는 열반인 것이다.

佛		依	般	若	波	羅	蜜	多	故
부처 불		의지할 의	일반 반	반야 야	물결 파(바)	그물 라	꿀 밀	많을 다	연고 고
得	阿	耨	多	羅	三	藐	三	菩	提
얻을 득	언덕 아	김맬 누(녹)	많을 다	그물 라	석 삼	아득할 막(먁)	석 삼	보리 보	끌 제(리)
故	知	般	若	波	羅	蜜	多		是	大
연고 고	알 지	일반 반	반야 야	물결 파(바)	그물 라	꿀 밀	많을 다		이 시	큰 대
神	呪		是	大	明	呪		是	無	上
신통할 신	주문 주		이 시	큰 대	밝을 명	주문 주		이 시	없을 무	위 상
呪		是	無	等	等	呪		能	除	一
주문 주		이 시	없을 무	같을 등	같을 등	주문 주		능할 능	제거할 제	한 일
切	苦		眞	實	不	虛		故	說	般
온통 체	괴로울 고		참 진	열매 실	아닐 불	빌 허		연고 고	말씀 설	일반 반
若	波	羅	蜜	多	呪		卽	說	呪	曰
반야 야	물결 파(바)	그물 라	꿀 밀	많을 다	주문 주		곧 즉	말씀 설	주문 주	가로 왈

삼세제불은 반야바라밀다를 의지한 까닭에 아뇩다라삼먁삼보리를 얻는다.

그러므로 알아야 한다. 반야바라밀다는 위대하고 신비로운 주문이며,

크게 밝은 주문이며, 가장 높은 주문이며, 견줄 데 없는 주문이다.

능히 일체의 고뇌를 제거하며 진실하여 헛되지 않다.

고로 반야바라밀다의 주문을 설하노니 곧 주를 설해 말하되,

揭	諦	揭	諦		波	羅	揭	諦		波
들 게(아)	살필 체(제)	들 게(아)	살필 체(제)		물결 파(바)	그물 라	들 게(아)	살필 체(제)		물결 파(바)
羅	僧	揭	諦		菩	提		娑	婆	訶
그물 라	스님 승	들 게(아)	살필 체(제)		보리 보(모)	끌 제(지)		춤출 사	할미 파(바)	꾸짖을 가(하)
揭	諦	揭	諦		波	羅	揭	諦		波
들 게(아)	살필 체(제)	들 게(아)	살필 체(제)		물결 파(바)	그물 라	들 게(아)	살필 체(제)		물결 파(바)
羅	僧	揭	諦		菩	提		娑	婆	訶
그물 라	스님 승	들 게(아)	살필 체(제)		보리 보(모)	끌 제(지)		춤출 사	할미 파(바)	꾸짖을 가(하)
揭	諦	揭	諦		波	羅	揭	諦		波
들 게(아)	살필 체(제)	들 게(아)	살필 체(제)		물결 파(바)	그물 라	들 게(아)	살필 체(제)		물결 파(바)
羅	僧	揭	諦		菩	提		娑	婆	訶
그물 라	스님 승	들 게(아)	살필 체(제)		보리 보(모)	끌 제(지)		춤출 사	할미 파(바)	꾸짖을 가(하)

〈사경 11회〉

아제아제 바라아제 바라승아제 모지 사바하
아제아제 바라아제 바라승아제 모지 사바하
아제아제 바라아제 바라승아제 모지 사바하

摩	訶	般	若	波	羅	蜜	多	心	經	
갈 마	꾸짖을 가(하)	일반 반	반야 야	물결 파(바)	그물 라	꿀 밀	많을 다	마음 심	글 경	

觀	自	在	菩	薩		行	深	般	若	波
볼 관	스스로 자	있을 재	보리 보	보살 살		행할 행	깊을 심	일반 반	반야 야	물결 파(바)
羅	蜜	多	時		照	見	五	蘊	皆	空
그물 라	꿀 밀	많을 다	때 시		비출 조	볼 견	다섯 오	쌓을 온	다 개	빌 공
度	一	切	苦	厄		舍	利	子		色
건널 도	한 일	온통 체	괴로울 고	액 액		집 사	날카로울 리	아들 자		빛 색
不	異	空		空	不	異	色		色	卽
아닐 불	다를 이	빌 공		빌 공	아닐 불	다를 이	빛 색		빛 색	곧 즉
是	空		空	卽	是	色		受	想	行
이 시	빌 공		빌 공	곧 즉	이 시	빛 색		받을 수	생각할 상	행할 행

위대한 지혜로 저 언덕에 이르는 길

관자재보살이 깊은 반야바라밀다를 행할 때
오온이 모두 공함을 비춰 보고 일체 고액을 건넜다.
사리자여, 색은 공과 다르지 않고 공은 색과 다르지 않다.
색은 곧 공이고 공은 곧 색이다.

識 亦 復 如 是　舍 利 子
알 식　또 역　다시 부　같을 여　이 시　집 사　날카로울 리　아들 자

是 諸 法 空 相　不 生 不 滅
이 시　모두 제　법 법　빌 공　형상 상　아닐 불　날 생　아닐 불　멸할 멸

不 垢 不 淨　不 增 不 減　是
아닐 불　때 구　아닐 부　깨끗할 정　아닐 부　더할 증　아닐 불　덜 감　이 시

故 空 中 無 色　無 受 想 行
연고 고　빌 공　가운데 중　없을 무　빛 색　없을 무　받을 수　생각할 상　행할 행

識 無 眼 耳 鼻 舌 身 意 無
알 식　없을 무　눈 안　귀 이　코 비　혀 설　몸 신　뜻 의　없을 무

色 聲 香 味 觸 法 無 眼 界
빛 색　소리 성　향기 향　맛 미　닿을 촉　법 법　없을 무　눈 안　지경 계

乃 至 無 意 識 界 無 無 明
이에 내　이를 지　없을 무　뜻 의　알 식　지경 계　없을 무　없을 무　밝을 명

수·상·행·식도 또한 이와 같다.

사리자여, 이 모든 법의 공한 모양은 생기지도 않고 소멸하지도 않은 것이며,

더럽지도 않고 깨끗하지도 않은 것이며, 불어나지도 않고 줄어들지도 않은 것이다.

이러한 까닭에 공에는 색이 없으며 수·상·행·식도 없다.

안·이·비·설·신·의도 없으며, 색·성·향·미·촉·법도 없다.

눈의 세계도 없으며 내지 의식의 세계까지 없다.

亦	無	無	明	盡		乃	至	無	老	死
또 역	없을 무	없을 무	밝을 명	다할 진		이에 내	이를 지	없을 무	늙을 노	죽을 사
亦	無	老	死	盡		無	苦	集	滅	道
또 역	없을 무	늙을 노	죽을 사	다할 진		없을 무	괴로울 고	모일 집	멸할 멸	길 도
無	智	亦	無	得		以	無	所	得	故
없을 무	지혜 지	또 역	없을 무	얻을 득		써 이	없을 무	바 소	얻을 득	연고 고
菩	提	薩	埵		依	般	若	波	羅	蜜
보리 보	끌 제(리)	보살 살	언덕 타		의지할 의	일반 반	반야 야	물결 파(바)	그물 라	꿀 밀
多	故		心	無	罣	礙		無	罣	礙
많을 다	연고 고		마음 심	없을 무	걸 괘(가)	거리낄 애		없을 무	걸 괘(가)	거리낄 애
故		無	有	恐	怖		遠	離	顚	倒
연고 고		없을 무	있을 유	두려울 공	두려워할 포		멀 원	떠날 리	넘어질 전	넘어질 도
夢	想		究	竟	涅	槃		三	世	諸
꿈 몽	생각할 상		궁구할 구	다할 경	개흙 열	쟁반 반		석 삼	세상 세	모두 제

무명도 없으며 또한 무명이 다함도 없으며,

내지 노와 사도 없으며, 또한 노와 사가 다함도 없다.

고와 집과 멸과 도도 없다. 지혜도 없고 또한 얻음도 없다.

얻을 것이 없는 까닭에 보리살타는 반야바라밀다를 의지하여 마음에 가애가 없으며,

가애가 없는 까닭에 공포가 없으며, 전도몽상을 멀리 떠나서 구경에는 열반인 것이다.

佛　依　般　若　波　羅　蜜　多　故

부처 불　의지할 의　일반 반　반야 야　물결 파(바)　그물 라　꿀 밀　많을 다　연고 고

得　阿　耨　多　羅　三　藐　三　菩　提

얻을 득　언덕 아　김맬 누(뇩)　많을 다　그물 라　석 삼　아득할 막(먁)　석 삼　보리 보　끌 제(리)

故　知　般　若　波　羅　蜜　多　是　大

연고 고　알 지　일반 반　반야 야　물결 파(바)　그물 라　꿀 밀　많을 다　이 시　큰 대

神　呪　是　大　明　呪　是　無　上

신통할 신　주문 주　이 시　큰 대　밝을 명　주문 주　이 시　없을 무　위 상

呪　是　無　等　等　呪　能　除　一

주문 주　이 시　없을 무　같을 등　같을 등　주문 주　능할 능　제거할 제　한 일

切　苦　眞　實　不　虛　故　說　般

온통 체　괴로울 고　참 진　열매 실　아닐 불　빌 허　연고 고　말씀 설　일반 반

若　波　羅　蜜　多　呪　即　說　呪　曰

반야 야　물결 파(바)　그물 라　꿀 밀　많을 다　주문 주　곧 즉　말씀 설　주문 주　가로 왈

삼세제불은 반야바라밀다를 의지한 까닭에 아뇩다라삼먁삼보리를 얻는다.

그러므로 알아야 한다. 반야바라밀다는 위대하고 신비로운 주문이며,

크게 밝은 주문이며, 가장 높은 주문이며, 견줄 데 없는 주문이다.

능히 일체의 고뇌를 제거하며 진실하여 헛되지 않다.

고로 반야바라밀다의 주문을 설하노니 곧 주를 설해 말하되,

揭	諦	揭	諦		波	羅	揭	諦		波
들 게(아)	살필 체(제)	들 게(아)	살필 체(제)		물결 파(바)	그물 라	들 게(아)	살필 체(제)		물결 파(바)
羅	僧	揭	諦		菩	提		娑	婆	訶
그물 라	스님 승	들 게(아)	살필 체(제)		보리 보(모)	끌 제(지)		춤출 사	할미 파(바)	꾸짖을 가(하)
揭	諦	揭	諦		波	羅	揭	諦		波
들 게(아)	살필 체(제)	들 게(아)	살필 체(제)		물결 파(바)	그물 라	들 게(아)	살필 체(제)		물결 파(바)
羅	僧	揭	諦		菩	提		娑	婆	訶
그물 라	스님 승	들 게(아)	살필 체(제)		보리 보(모)	끌 제(지)		춤출 사	할미 파(바)	꾸짖을 가(하)
揭	諦	揭	諦		波	羅	揭	諦		波
들 게(아)	살필 체(제)	들 게(아)	살필 체(제)		물결 파(바)	그물 라	들 게(아)	살필 체(제)		물결 파(바)
羅	僧	揭	諦		菩	提		娑	婆	訶
그물 라	스님 승	들 게(아)	살필 체(제)		보리 보(모)	끌 제(지)		춤출 사	할미 파(바)	꾸짖을 가(하)

〈사경 12회〉

아제아제 바라아제 바라승아제 모지 사바하
아제아제 바라아제 바라승아제 모지 사바하
아제아제 바라아제 바라승아제 모지 사바하

摩	訶	般	若	波	羅	蜜	多	心	經
갈 마	꾸짖을 가(하)	일반 반	반야 야	물결 파(바)	그물 라	꿀 밀	많을 다	마음 심	글 경

觀	自	在	菩	薩		行	深	般	若	波
볼 관	스스로 자	있을 재	보리 보	보살 살		행할 행	깊을 심	일반 반	반야 야	물결 파(바)
羅	蜜	多	時		照	見	五	蘊	皆	空
그물 라	꿀 밀	많을 다	때 시		비출 조	볼 견	다섯 오	쌓을 온	다 개	빌 공
度	一	切	苦	厄		舍	利	子		色
건널 도	한 일	온통 체	괴로울 고	액 액		집 사	날카로울 리	아들 자		빛 색
不	異	空		空	不	異	色		色	卽
아닐 불	다를 이	빌 공		빌 공	아닐 불	다를 이	빛 색		빛 색	곧 즉
是	空		空	卽	是	色		受	想	行
이 시	빌 공		빌 공	곧 즉	이 시	빛 색		받을 수	생각할 상	행할 행

위대한 지혜로 저 언덕에 이르는 길

관자재보살이 깊은 반야바라밀다를 행할 때
오온이 모두 공함을 비춰 보고 일체 고액을 건넜다.
사리자여, 색은 공과 다르지 않고 공은 색과 다르지 않다.
색은 곧 공이고 공은 곧 색이다.

識		亦	復	如	是		舍	利	子	
알 식		또 역	다시 부	같을 여	이 시		집 사	날카로울 리	아들 자	
是	諸	法	空	相		不	生	不	滅	
이 시	모두 제	법 법	빌 공	형상 상		아닐 불	날 생	아닐 불	멸할 멸	
不	垢	不	淨		不	增	不	減		是
아닐 불	때 구	아닐 부	깨끗할 정		아닐 부	더할 증	아닐 불	덜 감		이 시
故		空	中	無	色		無	受	想	行
연고 고		빌 공	가운데 중	없을 무	빛 색		없을 무	받을 수	생각할 상	행할 행
識		無	眼	耳	鼻	舌	身	意		無
알 식		없을 무	눈 안	귀 이	코 비	혀 설	몸 신	뜻 의		없을 무
色	聲	香	味	觸	法		無	眼	界	
빛 색	소리 성	향기 향	맛 미	닿을 촉	법 법		없을 무	눈 안	지경 계	
乃	至	無	意	識	界		無	無	明	
이에 내	이를 지	없을 무	뜻 의	알 식	지경 계		없을 무	없을 무	밝을 명	

수·상·행·식도 또한 이와 같다.

사리자여, 이 모든 법의 공한 모양은 생기지도 않고 소멸하지도 않은 것이며,

더럽지도 않고 깨끗하지도 않은 것이며, 불어나지도 않고 줄어들지도 않은 것이다.

이러한 까닭에 공에는 색이 없으며 수·상·행·식도 없다.

안·이·비·설·신·의도 없으며, 색·성·향·미·촉·법도 없다.

눈의 세계도 없으며 내지 의식의 세계까지 없다.

亦	無	無	明	盡		乃	至	無	老	死
또 역	없을 무	없을 무	밝을 명	다할 진		이에 내	이를 지	없을 무	늙을 노	죽을 사
亦	無	老	死	盡		無	苦	集	滅	道
또 역	없을 무	늙을 노	죽을 사	다할 진		없을 무	괴로울 고	모일 집	멸할 멸	길 도
無	智	亦	無	得		以	無	所	得	故
없을 무	지혜 지	또 역	없을 무	얻을 득		써 이	없을 무	바 소	얻을 득	연고 고
菩	提	薩	埵		依	般	若	波	羅	蜜
보리 보	끌 제(리)	보살 살	언덕 타		의지할 의	일반 반	반야 야	물결 파(바)	그물 라	꿀 밀
多	故		心	無	罣	礙		無	罣	礙
많을 다	연고 고		마음 심	없을 무	걸 괘(가)	거리낄 애		없을 무	걸 괘(가)	거리낄 애
故		無	有	恐	怖		遠	離	顚	倒
연고 고		없을 무	있을 유	두려울 공	두려워할 포		멀 원	떠날 리	넘어질 전	넘어질 도
夢	想		究	竟	涅	槃		三	世	諸
꿈 몽	생각할 상		궁구할 구	다할 경	개흙 열	쟁반 반		석 삼	세상 세	모두 제

무명도 없으며 또한 무명이 다함도 없으며,

내지 노와 사도 없으며, 또한 노와 사가 다함도 없다.

고와 집과 멸과 도도 없다. 지혜도 없고 또한 얻음도 없다.

얻을 것이 없는 까닭에 보리살타는 반야바라밀다를 의지하여 마음에 가애가 없으며,

가애가 없는 까닭에 공포가 없으며, 전도몽상을 멀리 떠나서 구경에는 열반인 것이다.

佛		依	般	若	波	羅	蜜	多	故
부처 불		의지할 의	일반 반	반야 야	물결 파(바)	그물 라	꿀 밀	많을 다	연고 고

得	阿	耨	多	羅	三	藐	三	菩	提
얻을 득	언덕 아	김맬 누(뇩)	많을 다	그물 라	석 삼	아득할 막(먁)	석 삼	보리 보	끌 제(리)

故	知	般	若	波	羅	蜜	多		是	大
연고 고	알 지	일반 반	반야 야	물결 파(바)	그물 라	꿀 밀	많을 다		이 시	큰 대

神	呪		是	大	明	呪		是	無	上
신통할 신	주문 주		이 시	큰 대	밝을 명	주문 주		이 시	없을 무	위 상

呪		是	無	等	等	呪		能	除	一
주문 주		이 시	없을 무	같을 등	같을 등	주문 주		능할 능	제거할 제	한 일

切	苦		眞	實	不	虛		故	說	般
온통 체	괴로울 고		참 진	열매 실	아닐 불	빌 허		연고 고	말씀 설	일반 반

若	波	羅	蜜	多	呪		即	說	呪	曰
반야 야	물결 파(바)	그물 라	꿀 밀	많을 다	주문 주		곧 즉	말씀 설	주문 주	가로 왈

삼세제불은 반야바라밀다를 의지한 까닭에 아뇩다라삼먁삼보리를 얻는다.

그러므로 알아야 한다. 반야바라밀다는 위대하고 신비로운 주문이며,

크게 밝은 주문이며, 가장 높은 주문이며, 견줄 데 없는 주문이다.

능히 일체의 고뇌를 제거하며 진실하여 헛되지 않다.

고로 반야바라밀다의 주문을 설하노니 곧 주를 설해 말하되,

揭	諦	揭	諦		波	羅	揭	諦		波
들 게(아)	살필 체(제)	들 게(아)	살필 체(제)		물결 파(바)	그물 라	들 게(아)	살필 체(제)		물결 파(바)
羅	僧	揭	諦		菩	提		娑	婆	訶
그물 라	스님 승	들 게(아)	살필 체(제)		보리 보(모)	끝 제(지)		춤출 사	할미 파(바)	꾸짖을 가(하)
揭	諦	揭	諦		波	羅	揭	諦		波
들 게(아)	살필 체(제)	들 게(아)	살필 체(제)		물결 파(바)	그물 라	들 게(아)	살필 체(제)		물결 파(바)
羅	僧	揭	諦		菩	提		娑	婆	訶
그물 라	스님 승	들 게(아)	살필 체(제)		보리 보(모)	끝 제(지)		춤출 사	할미 파(바)	꾸짖을 가(하)
揭	諦	揭	諦		波	羅	揭	諦		波
들 게(아)	살필 체(제)	들 게(아)	살필 체(제)		물결 파(바)	그물 라	들 게(아)	살필 체(제)		물결 파(바)
羅	僧	揭	諦		菩	提		娑	婆	訶
그물 라	스님 승	들 게(아)	살필 체(제)		보리 보(모)	끝 제(지)		춤출 사	할미 파(바)	꾸짖을 가(하)

〈사경 13회〉

아제아제 바라아제 바라승아제 모지 사바하
아제아제 바라아제 바라승아제 모지 사바하
아제아제 바라아제 바라승아제 모지 사바하

摩	訶	般	若	波	羅	蜜	多	心	經
갈 마	꾸짖을 가(하)	일반 반	반야 야	물결 파(바)	그물 라	꿀 밀	많을 다	마음 심	글 경

觀	自	在	菩	薩		行	深	般	若	波
볼 관	스스로 자	있을 재	보리 보	보살 살		행할 행	깊을 심	일반 반	반야 야	물결 파(바)

羅	蜜	多	時		照	見	五	蘊	皆	空
그물 라	꿀 밀	많을 다	때 시		비출 조	볼 견	다섯 오	쌓을 온	다 개	빌 공

度	一	切	苦	厄		舍	利	子		色
건널 도	한 일	온통 체	괴로울 고	액 액		집 사	날카로울 리	아들 자		빛 색

不	異	空		空	不	異	色		色	卽
아닐 불	다를 이	빌 공		빌 공	아닐 불	다를 이	빛 색		빛 색	곧 즉

是	空		空	卽	是	色		受	想	行
이 시	빌 공		빌 공	곧 즉	이 시	빛 색		받을 수	생각할 상	행할 행

위대한 지혜로 저 언덕에 이르는 길

관자재보살이 깊은 반야바라밀다를 행할 때
오온이 모두 공함을 비춰 보고 일체 고액을 건넜다.
사리자여, 색은 공과 다르지 않고 공은 색과 다르지 않다.
색은 곧 공이고 공은 곧 색이다.

識		亦	復	如	是		舍	利	子	
알 식		또 역	다시 부	같을 여	이 시		집 사	날카로울 리	아들 자	
是	諸	法	空	相		不	生	不	滅	
이 시	모두 제	법 법	빌 공	형상 상		아닐 불	날 생	아닐 불	멸할 멸	
不	垢	不	淨		不	增	不	減		是
아닐 불	때 구	아닐 부	깨끗할 정		아닐 부	더할 증	아닐 불	덜 감		이 시
故		空	中	無	色		無	受	想	行
연고 고		빌 공	가운데 중	없을 무	빛 색		없을 무	받을 수	생각할 상	행할 행
識		無	眼	耳	鼻	舌	身	意		無
알 식		없을 무	눈 안	귀 이	코 비	혀 설	몸 신	뜻 의		없을 무
色	聲	香	味	觸	法		無	眼	界	
빛 색	소리 성	향기 향	맛 미	닿을 촉	법 법		없을 무	눈 안	지경 계	
乃	至	無	意	識	界		無	無	明	
이에 내	이를 지	없을 무	뜻 의	알 식	지경 계		없을 무	없을 무	밝을 명	

수·상·행·식도 또한 이와 같다.

사리자여, 이 모든 법의 공한 모양은 생기지도 않고 소멸하지도 않은 것이며,

더럽지도 않고 깨끗하지도 않은 것이며, 불어나지도 않고 줄어들지도 않은 것이다.

이러한 까닭에 공에는 색이 없으며 수·상·행·식도 없다.

안·이·비·설·신·의도 없으며, 색·성·향·미·촉·법도 없다.

눈의 세계도 없으며 내지 의식의 세계까지 없다.

亦	無	無	明	盡		乃	至	無	老	死
또 역	없을 무	없을 무	밝을 명	다할 진		이에 내	이를 지	없을 무	늙을 노	죽을 사
亦	無	老	死	盡		無	苦	集	滅	道
또 역	없을 무	늙을 노	죽을 사	다할 진		없을 무	괴로울 고	모일 집	멸할 멸	길 도
無	智	亦	無	得		以	無	所	得	故
없을 무	지혜 지	또 역	없을 무	얻을 득		써 이	없을 무	바 소	얻을 득	연고 고
菩	提	薩	埵		依	般	若	波	羅	蜜
보리 보	끌 제(리)	보살 살	언덕 타		의지할 의	일반 반	반야 야	물결 파(바)	그물 라	꿀 밀
多	故		心	無	罣	礙		無	罣	礙
많을 다	연고 고		마음 심	없을 무	걸 괘(가)	거리낄 애		없을 무	걸 괘(가)	거리낄 애
故		無	有	恐	怖		遠	離	顚	倒
연고 고		없을 무	있을 유	두려울 공	두려워할 포		멀 원	떠날 리	넘어질 전	넘어질 도
夢	想		究	竟	涅	槃		三	世	諸
꿈 몽	생각할 상		궁구할 구	다할 경	개흙 열	쟁반 반		석 삼	세상 세	모두 제

무명도 없으며 또한 무명이 다함도 없으며,

내지 노와 사도 없으며, 또한 노와 사가 다함도 없다.

고와 집과 멸과 도도 없다. 지혜도 없고 또한 얻음도 없다.

얻을 것이 없는 까닭에 보리살타는 반야바라밀다를 의지하여 마음에 가애가 없으며,

가애가 없는 까닭에 공포가 없으며, 전도몽상을 멀리 떠나서 구경에는 열반인 것이다.

佛		依	般	若	波	羅	蜜	多	故
부처 불		의지할 의	일반 반	반야 야	물결 파(바)	그물 라	꿀 밀	많을 다	연고 고

得	阿	耨	多	羅	三	藐	三	菩	提
얻을 득	언덕 아	김맬 누(뇩)	많을 다	그물 라	석 삼	아득할 막(먁)	석 삼	보리 보	끌 제(리)

故	知	般	若	波	羅	蜜	多		是	大
연고 고	알 지	일반 반	반야 야	물결 파(바)	그물 라	꿀 밀	많을 다		이 시	큰 대

神	呪		是	大	明	呪		是	無	上
신통할 신	주문 주		이 시	큰 대	밝을 명	주문 주		이 시	없을 무	위 상

呪		是	無	等	等	呪		能	除	一
주문 주		이 시	없을 무	같을 등	같을 등	주문 주		능할 능	제거할 제	한 일

切	苦		眞	實	不	虛		故	說	般
온통 체	괴로울 고		참 진	열매 실	아닐 불	빌 허		연고 고	말씀 설	일반 반

若	波	羅	蜜	多	呪		即	說	呪	曰
반야 야	물결 파(바)	그물 라	꿀 밀	많을 다	주문 주		곧 즉	말씀 설	주문 주	가로 왈

삼세제불은 반야바라밀다를 의지한 까닭에 아뇩다라삼먁삼보리를 얻는다.

그러므로 알아야 한다. 반야바라밀다는 위대하고 신비로운 주문이며,

크게 밝은 주문이며, 가장 높은 주문이며, 견줄 데 없는 주문이다.

능히 일체의 고뇌를 제거하며 진실하여 헛되지 않다.

고로 반야바라밀다의 주문을 설하노니 곧 주를 설해 말하되,

揭	諦	揭	諦		波	羅	揭	諦		波
들 게(아)	살필 체(제)	들 게(아)	살필 체(제)		물결 파(바)	그물 라	들 게(아)	살필 체(제)		물결 파(바)
羅	僧	揭	諦		菩	提		娑	婆	訶
그물 라	스님 승	들 게(아)	살필 체(제)		보리 보(모)	끝 제(지)		춤출 사	할미 파(바)	꾸짖을 가(하)
揭	諦	揭	諦		波	羅	揭	諦		波
들 게(아)	살필 체(제)	들 게(아)	살필 체(제)		물결 파(바)	그물 라	들 게(아)	살필 체(제)		물결 파(바)
羅	僧	揭	諦		菩	提		娑	婆	訶
그물 라	스님 승	들 게(아)	살필 체(제)		보리 보(모)	끝 제(지)		춤출 사	할미 파(바)	꾸짖을 가(하)
揭	諦	揭	諦		波	羅	揭	諦		波
들 게(아)	살필 체(제)	들 게(아)	살필 체(제)		물결 파(바)	그물 라	들 게(아)	살필 체(제)		물결 파(바)
羅	僧	揭	諦		菩	提		娑	婆	訶
그물 라	스님 승	들 게(아)	살필 체(제)		보리 보(모)	끝 제(지)		춤출 사	할미 파(바)	꾸짖을 가(하)

〈사경 14회〉

아제아제 바라아제 바라승아제 모지 사바하
아제아제 바라아제 바라승아제 모지 사바하
아제아제 바라아제 바라승아제 모지 사바하

摩	訶	般	若	波	羅	蜜	多	心	經	
갈 마	꾸짖을 가(하)	일반 반	반야 야	물결 파(바)	그물 라	꿀 밀	많을 다	마음 심	글 경	

觀	自	在	菩	薩		行	深	般	若	波
볼 관	스스로 자	있을 재	보리 보	보살 살		행할 행	깊을 심	일반 반	반야 야	물결 파(바)
羅	蜜	多	時		照	見	五	蘊	皆	空
그물 라	꿀 밀	많을 다	때 시		비출 조	볼 견	다섯 오	쌓을 온	다 개	빌 공
度	一	切	苦	厄		舍	利	子		色
건널 도	한 일	온통 체	괴로울 고	액 액		집 사	날카로울 리	아들 자		빛 색
不	異	空		空	不	異	色		色	卽
아닐 불	다를 이	빌 공		빌 공	아닐 불	다를 이	빛 색		빛 색	곧 즉
是	空		空	卽	是	色		受	想	行
이 시	빌 공		빌 공	곧 즉	이 시	빛 색		받을 수	생각할 상	행할 행

위대한 지혜로 저 언덕에 이르는 길

관자재보살이 깊은 반야바라밀다를 행할 때
오온이 모두 공함을 비춰 보고 일체 고액을 건넜다.
사리자여, 색은 공과 다르지 않고 공은 색과 다르지 않다.
색은 곧 공이고 공은 곧 색이다.

識		亦	復	如	是		舍	利	子
알 식		또 역	다시 부	같을 여	이 시		집 사	날카로울 리	아들 자
是	諸	法	空	相		不	生	不	滅
이 시	모두 제	법 법	빌 공	형상 상		아닐 불	날 생	아닐 불	멸할 멸
不	垢	不	淨		不	增	不	減	是
아닐 불	때 구	아닐 부	깨끗할 정		아닐 부	더할 증	아닐 불	덜 감	이 시
故		空	中	無	色		無	受	想	行
연고 고		빌 공	가운데 중	없을 무	빛 색		없을 무	받을 수	생각할 상	행할 행
識		無	眼	耳	鼻	舌	身	意		無
알 식		없을 무	눈 안	귀 이	코 비	혀 설	몸 신	뜻 의		없을 무
色	聲	香	味	觸	法		無	眼	界
빛 색	소리 성	향기 향	맛 미	닿을 촉	법 법		없을 무	눈 안	지경 계
乃	至	無	意	識	界		無	無	明
이에 내	이를 지	없을 무	뜻 의	알 식	지경 계		없을 무	없을 무	밝을 명

수・상・행・식도 또한 이와 같다.

사리자여, 이 모든 법의 공한 모양은 생기지도 않고 소멸하지도 않은 것이며,

더럽지도 않고 깨끗하지도 않은 것이며, 불어나지도 않고 줄어들지도 않은 것이다.

이러한 까닭에 공에는 색이 없으며 수・상・행・식도 없다.

안・이・비・설・신・의도 없으며, 색・성・향・미・촉・법도 없다.

눈의 세계도 없으며 내지 의식의 세계까지 없다.

亦	無	無	明	盡		乃	至	無	老	死
또 역	없을 무	없을 무	밝을 명	다할 진		이에 내	이를 지	없을 무	늙을 노	죽을 사
亦	無	老	死	盡		無	苦	集	滅	道
또 역	없을 무	늙을 노	죽을 사	다할 진		없을 무	괴로울 고	모일 집	멸할 멸	길 도
無	智	亦	無	得		以	無	所	得	故
없을 무	지혜 지	또 역	없을 무	얻을 득		써 이	없을 무	바 소	얻을 득	연고 고
菩	提	薩	埵		依	般	若	波	羅	蜜
보리 보	끌 제(리)	보살 살	언덕 타		의지할 의	일반 반	반야 야	물결 파(바)	그물 라	꿀 밀
多	故		心	無	罣	礙		無	罣	礙
많을 다	연고 고		마음 심	없을 무	걸 괘(가)	거리낄 애		없을 무	걸 괘(가)	거리낄 애
故		無	有	恐	怖		遠	離	顚	倒
연고 고		없을 무	있을 유	두려울 공	두려워할 포		멀 원	떠날 리	넘어질 전	넘어질 도
夢	想		究	竟	涅	槃		三	世	諸
꿈 몽	생각할 상		궁구할 구	다할 경	개흙 열	쟁반 반		석 삼	세상 세	모두 제

무명도 없으며 또한 무명이 다함도 없으며,

내지 노와 사도 없으며, 또한 노와 사가 다함도 없다.

고와 집과 멸과 도도 없다. 지혜도 없고 또한 얻음도 없다.

얻을 것이 없는 까닭에 보리살타는 반야바라밀다를 의지하여 마음에 가애가 없으며,

가애가 없는 까닭에 공포가 없으며, 전도몽상을 멀리 떠나서 구경에는 열반인 것이다.

佛		依	般	若	波	羅	蜜	多	故
부처 불		의지할 의	일반 반	반야 야	물결 파(바)	그물 라	꿀 밀	많을 다	연고 고

得	阿	耨	多	羅	三	藐	三	菩	提
얻을 득	언덕 아	김맬 누(뇩)	많을 다	그물 라	석 삼	아득할 막(먁)	석 삼	보리 보	끌 제(리)

故	知	般	若	波	羅	蜜	多		是	大
연고 고	알 지	일반 반	반야 야	물결 파(바)	그물 라	꿀 밀	많을 다		이 시	큰 대

神	呪		是	大	明	呪		是	無	上
신통할 신	주문 주		이 시	큰 대	밝을 명	주문 주		이 시	없을 무	위 상

呪		是	無	等	等	呪		能	除	一
주문 주		이 시	없을 무	같을 등	같을 등	주문 주		능할 능	제거할 제	한 일

切	苦		眞	實	不	虛		故	說	般
온통 체	괴로울 고		참 진	열매 실	아닐 불	빌 허		연고 고	말씀 설	일반 반

若	波	羅	蜜	多	呪		即	說	呪	曰
반야 야	물결 파(바)	그물 라	꿀 밀	많을 다	주문 주		곧 즉	말씀 설	주문 주	가로 왈

삼세제불은 반야바라밀다를 의지한 까닭에 아뇩다라삼먁삼보리를 얻는다.

그러므로 알아야 한다. 반야바라밀다는 위대하고 신비로운 주문이며,

크게 밝은 주문이며, 가장 높은 주문이며, 견줄 데 없는 주문이다.

능히 일체의 고뇌를 제거하며 진실하여 헛되지 않다.

고로 반야바라밀다의 주문을 설하노니 곧 주를 설해 말하되,

揭	諦	揭	諦		波	羅	揭	諦		波
들 게(아)	살필 체(제)	들 게(아)	살필 체(제)		물결 파(바)	그물 라	들 게(아)	살필 체(제)		물결 파(바)
羅	僧	揭	諦		菩	提		娑	婆	訶
그물 라	스님 승	들 게(아)	살필 체(제)		보리 보(모)	끌 제(지)		춤출 사	할미 파(바)	꾸짖을 가(하)
揭	諦	揭	諦		波	羅	揭	諦		波
들 게(아)	살필 체(제)	들 게(아)	살필 체(제)		물결 파(바)	그물 라	들 게(아)	살필 체(제)		물결 파(바)
羅	僧	揭	諦		菩	提		娑	婆	訶
그물 라	스님 승	들 게(아)	살필 체(제)		보리 보(모)	끌 제(지)		춤출 사	할미 파(바)	꾸짖을 가(하)
揭	諦	揭	諦		波	羅	揭	諦		波
들 게(아)	살필 체(제)	들 게(아)	살필 체(제)		물결 파(바)	그물 라	들 게(아)	살필 체(제)		물결 파(바)
羅	僧	揭	諦		菩	提		娑	婆	訶
그물 라	스님 승	들 게(아)	살필 체(제)		보리 보(모)	끌 제(지)		춤출 사	할미 파(바)	꾸짖을 가(하)

〈사경 15회〉

아제아제 바라아제 바라승아제 모지 사바하
아제아제 바라아제 바라승아제 모지 사바하
아제아제 바라아제 바라승아제 모지 사바하

摩	訶	般	若	波	羅	蜜	多	心	經	
갈 마	꾸짖을 가(하)	일반 반	반야 야	물결 파(바)	그물 라	꿀 밀	많을 다	마음 심	글 경	

觀	自	在	菩	薩		行	深	般	若	波
볼 관	스스로 자	있을 재	보리 보	보살 살		행할 행	깊을 심	일반 반	반야 야	물결 파(바)

羅	蜜	多	時		照	見	五	蘊	皆	空
그물 라	꿀 밀	많을 다	때 시		비출 조	볼 견	다섯 오	쌓을 온	다 개	빌 공

度	一	切	苦	厄		舍	利	子		色
건널 도	한 일	온통 체	괴로울 고	액 액		집 사	날카로울 리	아들 자		빛 색

不	異	空		空	不	異	色		色	即
아닐 불	다를 이	빌 공		빌 공	아닐 불	다를 이	빛 색		빛 색	곧 즉

是	空		空	即	是	色		受	想	行
이 시	빌 공		빌 공	곧 즉	이 시	빛 색		받을 수	생각할 상	행할 행

위대한 지혜로 저 언덕에 이르는 길

관자재보살이 깊은 반야바라밀다를 행할 때
오온이 모두 공함을 비춰 보고 일체 고액을 건넜다.
사리자여, 색은 공과 다르지 않고 공은 색과 다르지 않다.
색은 곧 공이고 공은 곧 색이다.

識		亦	復	如	是		舍	利	子
알 식		또 역	다시 부	같을 여	이 시		집 사	날카로울 리	아들 자
是	諸	法	空	相		不	生	不	滅
이 시	모두 제	법 법	빌 공	형상 상		아닐 불	날 생	아닐 불	멸할 멸
不	垢	不	淨		不	增	不	減	是
아닐 불	때 구	아닐 부	깨끗할 정		아닐 부	더할 증	아닐 불	덜 감	이 시
故		空	中	無	色		無	受	想	行
연고 고		빌 공	가운데 중	없을 무	빛 색		없을 무	받을 수	생각할 상	행할 행
識		無	眼	耳	鼻	舌	身	意		無
알 식		없을 무	눈 안	귀 이	코 비	혀 설	몸 신	뜻 의		없을 무
色	聲	香	味	觸	法		無	眼	界
빛 색	소리 성	향기 향	맛 미	닿을 촉	법 법		없을 무	눈 안	지경 계
乃	至	無	意	識	界		無	無	明
이에 내	이를 지	없을 무	뜻 의	알 식	지경 계		없을 무	없을 무	밝을 명

수·상·행·식도 또한 이와 같다.

사리자여, 이 모든 법의 공한 모양은 생기지도 않고 소멸하지도 않은 것이며,

더럽지도 않고 깨끗하지도 않은 것이며, 불어나지도 않고 줄어들지도 않은 것이다.

이러한 까닭에 공에는 색이 없으며 수·상·행·식도 없다.

안·이·비·설·신·의도 없으며, 색·성·향·미·촉·법도 없다.

눈의 세계도 없으며 내지 의식의 세계까지 없다.

亦	無	無	明	盡		乃	至	無	老	死
또 역	없을 무	없을 무	밝을 명	다할 진		이에 내	이를 지	없을 무	늙을 노	죽을 사
亦	無	老	死	盡		無	苦	集	滅	道
또 역	없을 무	늙을 노	죽을 사	다할 진		없을 무	괴로울 고	모일 집	멸할 멸	길 도
無	智	亦	無	得		以	無	所	得	故
없을 무	지혜 지	또 역	없을 무	얻을 득		써 이	없을 무	바 소	얻을 득	연고 고
菩	提	薩	埵		依	般	若	波	羅	蜜
보리 보	끌 제(리)	보살 살	언덕 타		의지할 의	일반 반	반야 야	물결 파(바)	그물 라	꿀 밀
多	故		心	無	罣	礙		無	罣	礙
많을 다	연고 고		마음 심	없을 무	걸 괘(가)	거리낄 애		없을 무	걸 괘(가)	거리낄 애
故		無	有	恐	怖		遠	離	顚	倒
연고 고		없을 무	있을 유	두려울 공	두려워할 포		멀 원	떠날 리	넘어질 전	넘어질 도
夢	想		究	竟	涅	槃		三	世	諸
꿈 몽	생각할 상		궁구할 구	다할 경	개흙 열	쟁반 반		석 삼	세상 세	모두 제

무명도 없으며 또한 무명이 다함도 없으며,

내지 노와 사도 없으며, 또한 노와 사가 다함도 없다.

고와 집과 멸과 도도 없다. 지혜도 없고 또한 얻음도 없다.

얻을 것이 없는 까닭에 보리살타는 반야바라밀다를 의지하여 마음에 가애가 없으며,

가애가 없는 까닭에 공포가 없으며, 전도몽상을 멀리 떠나서 구경에는 열반인 것이다.

佛		依	般	若	波	羅	蜜	多	故	
부처 불		의지할 의	일반 반	반야 야	물결 파(바)	그물 라	꿀 밀	많을 다	연고 고	
得	阿	耨	多	羅	三	藐	三	菩	提	
얻을 득	언덕 아	김맬 누(뇩)	많을 다	그물 라	석 삼	아득할 막(먁)	석 삼	보리 보	끝 제(리)	
故	知	般	若	波	羅	蜜	多		是	大
연고 고	알 지	일반 반	반야 야	물결 파(바)	그물 라	꿀 밀	많을 다		이 시	큰 대
神	呪		是	大	明	呪		是	無	上
신통할 신	주문 주		이 시	큰 대	밝을 명	주문 주		이 시	없을 무	위 상
呪		是	無	等	等	呪		能	除	一
주문 주		이 시	없을 무	같을 등	같을 등	주문 주		능할 능	제거할 제	한 일
切	苦		眞	實	不	虛		故	說	般
온통 체	괴로울 고		참 진	열매 실	아닐 불	빌 허		연고 고	말씀 설	일반 반
若	波	羅	蜜	多	呪		即	說	呪	曰
반야 야	물결 파(바)	그물 라	꿀 밀	많을 다	주문 주		곧 즉	말씀 설	주문 주	가로 왈

삼세제불은 반야바라밀다를 의지한 까닭에 아뇩다라삼먁삼보리를 얻는다.

그러므로 알아야 한다. 반야바라밀다는 위대하고 신비로운 주문이며,

크게 밝은 주문이며, 가장 높은 주문이며, 견줄 데 없는 주문이다.

능히 일체의 고뇌를 제거하며 진실하여 헛되지 않다.

고로 반야바라밀다의 주문을 설하노니 곧 주를 설해 말하되,

揭	諦	揭	諦		波	羅	揭	諦		波
들 게(아)	살필 체(제)	들 게(아)	살필 체(제)		물결 파(바)	그물 라	들 게(아)	살필 체(제)		물결 파(바)
羅	僧	揭	諦		菩	提		娑	婆	訶
그물 라	스님 승	들 게(아)	살필 체(제)		보리 보(모)	끌 제(지)		춤출 사	할미 파(바)	꾸짖을 가(하)
揭	諦	揭	諦		波	羅	揭	諦		波
들 게(아)	살필 체(제)	들 게(아)	살필 체(제)		물결 파(바)	그물 라	들 게(아)	살필 체(제)		물결 파(바)
羅	僧	揭	諦		菩	提		娑	婆	訶
그물 라	스님 승	들 게(아)	살필 체(제)		보리 보(모)	끌 제(지)		춤출 사	할미 파(바)	꾸짖을 가(하)
揭	諦	揭	諦		波	羅	揭	諦		波
들 게(아)	살필 체(제)	들 게(아)	살필 체(제)		물결 파(바)	그물 라	들 게(아)	살필 체(제)		물결 파(바)
羅	僧	揭	諦		菩	提		娑	婆	訶
그물 라	스님 승	들 게(아)	살필 체(제)		보리 보(모)	끌 제(지)		춤출 사	할미 파(바)	꾸짖을 가(하)

〈사경 16회〉

아제아제 바라아제 바라승아제 모지 사바하
아제아제 바라아제 바라승아제 모지 사바하
아제아제 바라아제 바라승아제 모지 사바하

摩	訶	般	若	波	羅	蜜	多	心	經	
갈 마	꾸짖을 가(하)	일반 반	반야 야	물결 파(바)	그물 라	꿀 밀	많을 다	마음 심	글 경	

觀	自	在	菩	薩		行	深	般	若	波
볼 관	스스로 자	있을 재	보리 보	보살 살		행할 행	깊을 심	일반 반	반야 야	물결 파(바)
羅	蜜	多	時		照	見	五	蘊	皆	空
그물 라	꿀 밀	많을 다	때 시		비출 조	볼 견	다섯 오	쌓을 온	다 개	빌 공
度	一	切	苦	厄		舍	利	子		色
건널 도	한 일	온통 체	괴로울 고	액 액		집 사	날카로울 리	아들 자		빛 색
不	異	空		空	不	異	色		色	卽
아닐 불	다를 이	빌 공		빌 공	아닐 불	다를 이	빛 색		빛 색	곧 즉
是	空		空	卽	是	色		受	想	行
이 시	빌 공		빌 공	곧 즉	이 시	빛 색		받을 수	생각할 상	행할 행

위대한 지혜로 저 언덕에 이르는 길

관자재보살이 깊은 반야바라밀다를 행할 때
오온이 모두 공함을 비춰 보고 일체 고액을 건넜다.
사리자여, 색은 공과 다르지 않고 공은 색과 다르지 않다.
색은 곧 공이고 공은 곧 색이다.

識		亦	復	如	是		舍	利	子
알 식		또 역	다시 부	같을 여	이 시		집 사	날카로울 리	아들 자
是	諸	法	空	相		不	生	不	滅
이 시	모두 제	법 법	빌 공	형상 상		아닐 불	날 생	아닐 불	멸할 멸
不	垢	不	淨		不	增	不	減	是
아닐 불	때 구	아닐 부	깨끗할 정		아닐 부	더할 증	아닐 불	덜 감	이 시
故		空	中	無	色		無	受	想 · 行
연고 고		빌 공	가운데 중	없을 무	빛 색		없을 무	받을 수	생각할 상 · 행할 행
識		無	眼	耳	鼻	舌	身	意	無
알 식		없을 무	눈 안	귀 이	코 비	혀 설	몸 신	뜻 의	없을 무
色	聲	香	味	觸	法		無	眼	界
빛 색	소리 성	향기 향	맛 미	닿을 촉	법 법		없을 무	눈 안	지경 계
乃	至	無	意	識	界		無	無	明
이에 내	이를 지	없을 무	뜻 의	알 식	지경 계		없을 무	없을 무	밝을 명

수·상·행·식도 또한 이와 같다.
사리자여, 이 모든 법의 공한 모양은 생기지도 않고 소멸하지도 않은 것이며,
더럽지도 않고 깨끗하지도 않은 것이며, 불어나지도 않고 줄어들지도 않은 것이다.
이러한 까닭에 공에는 색이 없으며 수·상·행·식도 없다.
안·이·비·설·신·의도 없으며, 색·성·향·미·촉·법도 없다.
눈의 세계도 없으며 내지 의식의 세계까지 없다.

亦	無	無	明	盡		乃	至	無	老	死
또 역	없을 무	없을 무	밝을 명	다할 진		이에 내	이를 지	없을 무	늙을 노	죽을 사
亦	無	老	死	盡		無	苦	集	滅	道
또 역	없을 무	늙을 노	죽을 사	다할 진		없을 무	괴로울 고	모일 집	멸할 멸	길 도
無	智	亦	無	得		以	無	所	得	故
없을 무	지혜 지	또 역	없을 무	얻을 득		써 이	없을 무	바 소	얻을 득	연고 고
菩	提	薩	埵		依	般	若	波	羅	蜜
보리 보	끌 제(리)	보살 살	언덕 타		의지할 의	일반 반	반야 야	물결 파(바)	그물 라	꿀 밀
多	故		心	無	罣	礙		無	罣	礙
많을 다	연고 고		마음 심	없을 무	걸 괘(가)	거리낄 애		없을 무	걸 괘(가)	거리낄 애
故		無	有	恐	怖		遠	離	顚	倒
연고 고		없을 무	있을 유	두려울 공	두려워할 포		멀 원	떠날 리	넘어질 전	넘어질 도
夢	想		究	竟	涅	槃		三	世	諸
꿈 몽	생각할 상		궁구할 구	다할 경	개흙 열	쟁반 반		석 삼	세상 세	모두 제

무명도 없으며 또한 무명이 다함도 없으며,
내지 노와 사도 없으며, 또한 노와 사가 다함도 없다.
고와 집과 멸과 도도 없다. 지혜도 없고 또한 얻음도 없다.
얻을 것이 없는 까닭에 보리살타는 반야바라밀다를 의지하여 마음에 가애가 없으며,
가애가 없는 까닭에 공포가 없으며, 전도몽상을 멀리 떠나서 구경에는 열반인 것이다.

佛		依	般	若	波	羅	蜜	多	故	
부처 불		의지할 의	일반 반	반야 야	물결 파(바)	그물 라	꿀 밀	많을 다	연고 고	
得	阿	耨	多	羅	三	藐	三	菩	提
얻을 득	언덕 아	김맬 누(녹)	많을 다	그물 라	석 삼	아득할 막(먁)	석 삼	보리 보	끝 제(리)
故	知	般	若	波	羅	蜜	多		是	大
연고 고	알 지	일반 반	반야 야	물결 파(바)	그물 라	꿀 밀	많을 다		이 시	큰 대
神	呪		是	大	明	呪		是	無	上
신통할 신	주문 주		이 시	큰 대	밝을 명	주문 주		이 시	없을 무	위 상
呪		是	無	等	等	呪		能	除	一
주문 주		이 시	없을 무	같을 등	같을 등	주문 주		능할 능	제거할 제	한 일
切	苦		眞	實	不	虛		故	說	般
온통 체	괴로울 고		참 진	열매 실	아닐 불	빌 허		연고 고	말씀 설	일반 반
若	波	羅	蜜	多	呪		卽	說	呪	曰
반야 야	물결 파(바)	그물 라	꿀 밀	많을 다	주문 주		곧 즉	말씀 설	주문 주	가로 왈

삼세제불은 반야바라밀다를 의지한 까닭에 아뇩다라삼먁삼보리를 얻는다.

그러므로 알아야 한다. 반야바라밀다는 위대하고 신비로운 주문이며,

크게 밝은 주문이며, 가장 높은 주문이며, 견줄 데 없는 주문이다.

능히 일체의 고뇌를 제거하며 진실하여 헛되지 않다.

고로 반야바라밀다의 주문을 설하노니 곧 주를 설해 말하되,

揭	諦	揭	諦		波	羅	揭	諦		波
들 게(아)	살필 체(제)	들 게(아)	살필 체(제)		물결 파(바)	그물 라	들 게(아)	살필 체(제)		물결 파(바)
羅	僧	揭	諦		菩	提		娑	婆	訶
그물 라	스님 승	들 게(아)	살필 체(제)		보리 보(모)	끌 제(지)		춤출 사	할미 파(바)	꾸짖을 가(하)
揭	諦	揭	諦		波	羅	揭	諦		波
들 게(아)	살필 체(제)	들 게(아)	살필 체(제)		물결 파(바)	그물 라	들 게(아)	살필 체(제)		물결 파(바)
羅	僧	揭	諦		菩	提		娑	婆	訶
그물 라	스님 승	들 게(아)	살필 체(제)		보리 보(모)	끌 제(지)		춤출 사	할미 파(바)	꾸짖을 가(하)
揭	諦	揭	諦		波	羅	揭	諦		波
들 게(아)	살필 체(제)	들 게(아)	살필 체(제)		물결 파(바)	그물 라	들 게(아)	살필 체(제)		물결 파(바)
羅	僧	揭	諦		菩	提		娑	婆	訶
그물 라	스님 승	들 게(아)	살필 체(제)		보리 보(모)	끌 제(지)		춤출 사	할미 파(바)	꾸짖을 가(하)

〈사경 17회〉

아제아제 바라아제 바라승아제 모지 사바하
아제아제 바라아제 바라승아제 모지 사바하
아제아제 바라아제 바라승아제 모지 사바하

摩	訶	般	若	波	羅	蜜	多	心	經	
갈 마	꾸짖을 가(하)	일반 반	반야 야	물결 파(바)	그물 라	꿀 밀	많을 다	마음 심	글 경	

觀	自	在	菩	薩		行	深	般	若	波
볼 관	스스로 자	있을 재	보리 보	보살 살		행할 행	깊을 심	일반 반	반야 야	물결 파(바)
羅	蜜	多	時		照	見	五	蘊	皆	空
그물 라	꿀 밀	많을 다	때 시		비출 조	볼 견	다섯 오	쌓을 온	다 개	빌 공
度	一	切	苦	厄		舍	利	子		色
건널 도	한 일	온통 체	괴로울 고	액 액		집 사	날카로울 리	아들 자		빛 색
不	異	空		空	不	異	色		色	卽
아닐 불	다를 이	빌 공		빌 공	아닐 불	다를 이	빛 색		빛 색	곧 즉
是	空		空	卽	是	色		受	想	行
이 시	빌 공		빌 공	곧 즉	이 시	빛 색		받을 수	생각할 상	행할 행

위대한 지혜로 저 언덕에 이르는 길

관자재보살이 깊은 반야바라밀다를 행할 때
오온이 모두 공함을 비춰 보고 일체 고액을 건넜다.
사리자여, 색은 공과 다르지 않고 공은 색과 다르지 않다.
색은 곧 공이고 공은 곧 색이다.

識		亦	復	如	是		舍	利	子
알 식		또 역	다시 부	같을 여	이 시		집 사	날카로울 리	아들 자
是	諸	法	空	相		不	生	不	滅
이 시	모두 제	법 법	빌 공	형상 상		아닐 불	날 생	아닐 불	멸할 멸
不	垢	不	淨		不	增	不	減	是
아닐 불	때 구	아닐 부	깨끗할 정		아닐 부	더할 증	아닐 불	딜 감	이 시
故		空	中	無	色		無	受	想	行
연고 고		빌 공	가운데 중	없을 무	빛 색		없을 무	받을 수	생각할 상	행할 행
識	無	眼	耳	鼻	舌	身	意		無
알 식	없을 무	눈 안	귀 이	코 비	혀 설	몸 신	뜻 의		없을 무
色	聲	香	味	觸	法		無	眼	界
빛 색	소리 성	향기 향	맛 미	닿을 촉	법 법		없을 무	눈 안	지경 계
乃	至	無	意	識	界		無	無	明
이에 내	이를 지	없을 무	뜻 의	알 식	지경 계		없을 무	없을 무	밝을 명

수·상·행·식도 또한 이와 같다.

사리자여, 이 모든 법의 공한 모양은 생기지도 않고 소멸하지도 않은 것이며,

더럽지도 않고 깨끗하지도 않은 것이며, 불어나지도 않고 줄어들지도 않은 것이다.

이러한 까닭에 공에는 색이 없으며 수·상·행·식도 없다.

안·이·비·설·신·의도 없으며, 색·성·향·미·촉·법도 없다.

눈의 세계도 없으며 내지 의식의 세계까지 없다.

亦	無	無	明	盡		乃	至	無	老	死
또 역	없을 무	없을 무	밝을 명	다할 진		이에 내	이를 지	없을 무	늙을 노	죽을 사
亦	無	老	死	盡			無	苦	集	滅	道
또 역	없을 무	늙을 노	죽을 사	다할 진		없을 무	괴로울 고	모일 집	멸할 멸	길 도
無	智	亦	無	得		以	無	所	得	故
없을 무	지혜 지	또 역	없을 무	얻을 득		써 이	없을 무	바 소	얻을 득	연고 고
菩	提	薩	埵		依	般	若	波	羅	蜜
보리 보	끌 제(리)	보살 살	언덕 타		의지할 의	일반 반	반야 야	물결 파(바)	그물 라	꿀 밀
多	故		心	無	罣	礙		無	罣	礙
많을 다	연고 고		마음 심	없을 무	걸 괘(가)	거리낄 애		없을 무	걸 괘(가)	거리낄 애
故		無	有	恐	怖		遠	離	顚	倒
연고 고		없을 무	있을 유	두려울 공	두려워할 포		멀 원	떠날 리	넘어질 전	넘어질 도
夢	想		究	竟	涅	槃		三	世	諸
꿈 몽	생각할 상		궁구할 구	다할 경	개흙 열	쟁반 반		석 삼	세상 세	모두 제

무명도 없으며 또한 무명이 다함도 없으며,

내지 노와 사도 없으며, 또한 노와 사가 다함도 없다.

고와 집과 멸과 도도 없다. 지혜도 없고 또한 얻음도 없다.

얻을 것이 없는 까닭에 보리살타는 반야바라밀다를 의지하여 마음에 가애가 없으며,

가애가 없는 까닭에 공포가 없으며, 전도몽상을 멀리 떠나서 구경에는 열반인 것이다.

佛		依	般	若	波	羅	蜜	多	故
부처 **불**		의지할 **의**	일반 **반**	반야 **야**	물결 **파(바)**	그물 **라**	꿀 **밀**	많을 **다**	연고 **고**
得	阿	耨	多	羅	三	藐	三	菩	提
얻을 **득**	언덕 **아**	김맬 **누(녹)**	많을 **다**	그물 **라**	석 **삼**	아득할 **막(먁)**	석 **삼**	보리 **보**	끌 **제(리)**
故	知	般	若	波	羅	蜜	多		是	大
연고 **고**	알 **지**	일반 **반**	반야 **야**	물결 **파(바)**	그물 **라**	꿀 **밀**	많을 **다**		이 **시**	큰 **대**
神	呪		是	大	明	呪		是	無	上
신통할 **신**	주문 **주**		이 **시**	큰 **대**	밝을 **명**	주문 **주**		이 **시**	없을 **무**	위 **상**
呪		是	無	等	等	呪		能	除	一
주문 **주**		이 **시**	없을 **무**	같을 **등**	같을 **등**	주문 **주**		능할 **능**	제거할 **제**	한 **일**
切	苦		眞	實	不	虛		故	說	般
온통 **체**	괴로울 **고**		참 **진**	열매 **실**	아닐 **불**	빌 **허**		연고 **고**	말씀 **설**	일반 **반**
若	波	羅	蜜	多	呪		即	說	呪	曰
반야 **야**	물결 **파(바)**	그물 **라**	꿀 **밀**	많을 **다**	주문 **주**		곧 **즉**	말씀 **설**	주문 **주**	가로 **왈**

삼세제불은 반야바라밀다를 의지한 까닭에 아뇩다라삼먁삼보리를 얻는다.
그러므로 알아야 한다. 반야바라밀다는 위대하고 신비로운 주문이며,
크게 밝은 주문이며, 가장 높은 주문이며, 견줄 데 없는 주문이다.
능히 일체의 고뇌를 제거하며 진실하여 헛되지 않다.
고로 반야바라밀다의 주문을 설하노니 곧 주를 설해 말하되,

揭	諦	揭	諦		波	羅	揭	諦		波
들 게(아)	살필 체(제)	들 게(아)	살필 체(제)		물결 파(바)	그물 라	들 게(아)	살필 체(제)		물결 파(바)
羅	僧	揭	諦		菩	提		娑	婆	訶
그물 라	스님 승	들 게(아)	살필 체(제)		보리 보(모)	끌 제(지)		춤출 사	할미 파(바)	꾸짖을 가(하)
揭	諦	揭	諦		波	羅	揭	諦		波
들 게(아)	살필 체(제)	들 게(아)	살필 체(제)		물결 파(바)	그물 라	들 게(아)	살필 체(제)		물결 파(바)
羅	僧	揭	諦		菩	提		娑	婆	訶
그물 라	스님 승	들 게(아)	살필 체(제)		보리 보(모)	끌 제(지)		춤출 사	할미 파(바)	꾸짖을 가(하)
揭	諦	揭	諦		波	羅	揭	諦		波
들 게(아)	살필 체(제)	들 게(아)	살필 체(제)		물결 파(바)	그물 라	들 게(아)	살필 체(제)		물결 파(바)
羅	僧	揭	諦		菩	提		娑	婆	訶
그물 라	스님 승	들 게(아)	살필 체(제)		보리 보(모)	끌 제(지)		춤출 사	할미 파(바)	꾸짖을 가(하)

〈사경 18회〉

아제아제 바라아제 바라승아제 모지 사바하
아제아제 바라아제 바라승아제 모지 사바하
아제아제 바라아제 바라승아제 모지 사바하

摩	訶	般	若	波	羅	蜜	多	心	經	
갈 마	꾸짖을 가(하)	일반 반	반야 야	물결 파(바)	그물 라	꿀 밀	많을 다	마음 심	글 경	

觀	自	在	菩	薩		行	深	般	若	波
볼 관	스스로 자	있을 재	보리 보	보살 살		행할 행	깊을 심	일반 반	반야 야	물결 파(바)
羅	蜜	多	時		照	見	五	蘊	皆	空
그물 라	꿀 밀	많을 다	때 시		비출 조	볼 견	다섯 오	쌓을 온	다 개	빌 공
度	一	切	苦	厄		舍	利	子		色
건널 도	한 일	온통 체	괴로울 고	액 액		집 사	날카로울 리	아들 자		빛 색
不	異	空		空	不	異	色		色	卽
아닐 불	다를 이	빌 공		빌 공	아닐 불	다를 이	빛 색		빛 색	곧 즉
是	空		空	卽	是	色		受	想	行
이 시	빌 공		빌 공	곧 즉	이 시	빛 색		받을 수	생각할 상	행할 행

위대한 지혜로 저 언덕에 이르는 길

관자재보살이 깊은 반야바라밀다를 행할 때
오온이 모두 공함을 비춰 보고 일체 고액을 건넜다.
사리자여, 색은 공과 다르지 않고 공은 색과 다르지 않다.
색은 곧 공이고 공은 곧 색이다.

識		亦	復	如	是		舍	利	子
알 식		또 역	다시 부	같을 여	이 시		집 사	날카로울 리	아들 자

是	諸	法	空	相		不	生	不	滅
이 시	모두 제	법 법	빌 공	형상 상		아닐 불	날 생	아닐 불	멸할 멸

不	垢	不	淨		不	增	不	減		是
아닐 불	때 구	아닐 부	깨끗할 정		아닐 부	더할 증	아닐 불	덜 감		이 시

故		空	中	無	色		無	受	想	行
연고 고		빌 공	가운데 중	없을 무	빛 색		없을 무	받을 수	생각할 상	행할 행

識		無	眼	耳	鼻	舌	身	意		無
알 식		없을 무	눈 안	귀 이	코 비	혀 설	몸 신	뜻 의		없을 무

色	聲	香	味	觸	法		無	眼	界
빛 색	소리 성	향기 향	맛 미	닿을 촉	법 법		없을 무	눈 안	지경 계

乃	至	無	意	識	界		無	無	明
이에 내	이를 지	없을 무	뜻 의	알 식	지경 계		없을 무	없을 무	밝을 명

수·상·행·식도 또한 이와 같다.

사리자여, 이 모든 법의 공한 모양은 생기지도 않고 소멸하지도 않은 것이며,

더럽지도 않고 깨끗하지도 않은 것이며, 불어나지도 않고 줄어들지도 않은 것이다.

이러한 까닭에 공에는 색이 없으며 수·상·행·식도 없다.

안·이·비·설·신·의도 없으며, 색·성·향·미·촉·법도 없다.

눈의 세계도 없으며 내지 의식의 세계까지 없다.

亦	無	無	明	盡		乃	至	無	老	死
또 역	없을 무	없을 무	밝을 명	다할 진		이에 내	이를 지	없을 무	늙을 노	죽을 사
亦	無	老	死	盡		無	苦	集	滅	道
또 역	없을 무	늙을 노	죽을 사	다할 진		없을 무	괴로울 고	모일 집	멸할 멸	길 도
無	智	亦	無	得		以	無	所	得	故
없을 무	지혜 지	또 역	없을 무	얻을 득		써 이	없을 무	바 소	얻을 득	연고 고
菩	提	薩	埵		依	般	若	波	羅	蜜
보리 보	끌 제(리)	보살 살	언덕 타		의지할 의	일반 반	반야 야	물결 파(바)	그물 라	꿀 밀
多	故		心	無	罣	礙		無	罣	礙
많을 다	연고 고		마음 심	없을 무	걸 괘(가)	거리낄 애		없을 무	걸 괘(가)	거리낄 애
故		無	有	恐	怖		遠	離	顚	倒
연고 고		없을 무	있을 유	두려울 공	두려워할 포		멀 원	떠날 리	넘어질 전	넘어질 도
夢	想		究	竟	涅	槃		三	世	諸
꿈 몽	생각할 상		궁구할 구	다할 경	개흙 열	쟁반 반		석 삼	세상 세	모두 제

무명도 없으며 또한 무명이 다함도 없으며,

내지 노와 사도 없으며, 또한 노와 사가 다함도 없다.

고와 집과 멸과 도도 없다. 지혜도 없고 또한 얻음도 없다.

얻을 것이 없는 까닭에 보리살타는 반야바라밀다를 의지하여 마음에 가애가 없으며,

가애가 없는 까닭에 공포가 없으며, 전도몽상을 멀리 떠나서 구경에는 열반인 것이다.

佛		依	般	若	波	羅	蜜	多	故
부처 불		의지할 의	일반 반	반야 야	물결 파(바)	그물 라	꿀 밀	많을 다	연고 고

得	阿	耨	多	羅	三	藐	三	菩	提
얻을 득	언덕 아	김맬 누(뇩)	많을 다	그물 라	석 삼	아득할 막(먁)	석 삼	보리 보	끌 제(리)

故	知	般	若	波	羅	蜜	多		是	大
연고 고	알 지	일반 반	반야 야	물결 파(바)	그물 라	꿀 밀	많을 다		이 시	큰 대

神	呪		是	大	明	呪		是	無	上
신통할 신	주문 주		이 시	큰 대	밝을 명	주문 주		이 시	없을 무	위 상

呪		是	無	等	等	呪		能	除	一
주문 주		이 시	없을 무	같을 등	같을 등	주문 주		능할 능	제거할 제	한 일

切	苦		眞	實	不	虛		故	說	般
온통 체	괴로울 고		참 진	열매 실	아닐 불	빌 허		연고 고	말씀 설	일반 반

若	波	羅	蜜	多	呪		卽	說	呪	曰
반야 야	물결 파(바)	그물 라	꿀 밀	많을 다	주문 주		곧 즉	말씀 설	주문 주	가로 왈

삼세제불은 반야바라밀다를 의지한 까닭에 아뇩다라삼먁삼보리를 얻는다.

그러므로 알아야 한다. 반야바라밀다는 위대하고 신비로운 주문이며,

크게 밝은 주문이며, 가장 높은 주문이며, 견줄 데 없는 주문이다.

능히 일체의 고뇌를 제거하며 진실하여 헛되지 않다.

고로 반야바라밀다의 주문을 설하노니 곧 주를 설해 말하되,

揭	諦	揭	諦		波	羅	揭	諦		波
들 게(아)	살필 체(제)	들 게(아)	살필 체(제)		물결 파(바)	그물 라	들 게(아)	살필 체(제)		물결 파(바)
羅	僧	揭	諦		菩	提		娑	婆	訶
그물 라	스님 승	들 게(아)	살필 체(제)		보리 보(모)	끌 제(지)		춤출 사	할미 파(바)	꾸짖을 가(하)
揭	諦	揭	諦		波	羅	揭	諦		波
들 게(아)	살필 체(제)	들 게(아)	살필 체(제)		물결 파(바)	그물 라	들 게(아)	살필 체(제)		물결 파(바)
羅	僧	揭	諦		菩	提		娑	婆	訶
그물 라	스님 승	들 게(아)	살필 체(제)		보리 보(모)	끌 제(지)		춤출 사	할미 파(바)	꾸짖을 가(하)
揭	諦	揭	諦		波	羅	揭	諦		波
들 게(아)	살필 체(제)	들 게(아)	살필 체(제)		물결 파(바)	그물 라	들 게(아)	살필 체(제)		물결 파(바)
羅	僧	揭	諦		菩	提		娑	婆	訶
그물 라	스님 승	들 게(아)	살필 체(제)		보리 보(모)	끌 제(지)		춤출 사	할미 파(바)	꾸짖을 가(하)

〈사경 19회〉

아제아제 바라아제 바라승아제 모지 사바하
아제아제 바라아제 바라승아제 모지 사바하
아제아제 바라아제 바라승아제 모지 사바하

摩	訶	般	若	波	羅	蜜	多	心	經	
갈 마	꾸짖을 가(하)	일반 반	반야 야	물결 파(바)	그물 라	꿀 밀	많을 다	마음 심	글 경	

觀	自	在	菩	薩		行	深	般	若	波
볼 관	스스로 자	있을 재	보리 보	보살 살		행할 행	깊을 심	일반 반	반야 야	물결 파(바)
羅	蜜	多	時		照	見	五	蘊	皆	空
그물 라	꿀 밀	많을 다	때 시		비출 조	볼 견	다섯 오	쌓을 온	다 개	빌 공
度	一	切	苦	厄		舍	利	子		色
건널 도	한 일	온통 체	괴로울 고	액 액		집 사	날카로울 리	아들 자		빛 색
不	異	空		空	不	異	色		色	卽
아닐 불	다를 이	빌 공		빌 공	아닐 불	다를 이	빛 색		빛 색	곧 즉
是	空		空	卽	是	色		受	想	行
이 시	빌 공		빌 공	곧 즉	이 시	빛 색		받을 수	생각할 상	행할 행

위대한 지혜로 저 언덕에 이르는 길

관자재보살이 깊은 반야바라밀다를 행할 때
오온이 모두 공함을 비춰 보고 일체 고액을 건넜다.
사리자여, 색은 공과 다르지 않고 공은 색과 다르지 않다.
색은 곧 공이고 공은 곧 색이다.

識		亦	復	如	是		舍	利	子
알 식		또 역	다시 부	같을 여	이 시		집 사	날카로울 리	아들 자
是	諸	法	空	相		不	生	不	滅
이 시	모두 제	법 법	빌 공	형상 상		아닐 불	날 생	아닐 불	멸할 멸
不	垢	不	淨		不	增	不	減		是
아닐 불	때 구	아닐 부	깨끗할 정		아닐 부	더할 증	아닐 불	덜 감		이 시
故		空	中	無	色		無	受	想	行
연고 고		빌 공	가운데 중	없을 무	빛 색		없을 무	받을 수	생각할 상	행할 행
識		無	眼	耳	鼻	舌	身	意		無
알 식		없을 무	눈 안	귀 이	코 비	혀 설	몸 신	뜻 의		없을 무
色	聲	香	味	觸	法		無	眼	界
빛 색	소리 성	향기 향	맛 미	닿을 촉	법 법		없을 무	눈 안	지경 계
乃	至	無	意	識	界		無	無	明
이에 내	이를 지	없을 무	뜻 의	알 식	지경 계		없을 무	없을 무	밝을 명

수·상·행·식도 또한 이와 같다.

사리자여, 이 모든 법의 공한 모양은 생기지도 않고 소멸하지도 않은 것이며,

더럽지도 않고 깨끗하지도 않은 것이며, 불어나지도 않고 줄어들지도 않은 것이다.

이러한 까닭에 공에는 색이 없으며 수·상·행·식도 없다.

안·이·비·설·신·의도 없으며, 색·성·향·미·촉·법도 없다.

눈의 세계도 없으며 내지 의식의 세계까지 없다.

亦	無	無	明	盡		乃	至	無	老	死
또 역	없을 무	없을 무	밝을 명	다할 진		이에 내	이를 지	없을 무	늙을 노	죽을 사
亦	無	老	死	盡		無	苦	集	滅	道
또 역	없을 무	늙을 노	죽을 사	다할 진		없을 무	괴로울 고	모일 집	멸할 멸	길 도
無	智	亦	無	得		以	無	所	得	故
없을 무	지혜 지	또 역	없을 무	얻을 득		써 이	없을 무	바 소	얻을 득	연고 고
菩	提	薩	埵		依	般	若	波	羅	蜜
보리 보	끌 제(리)	보살 살	언덕 타		의지할 의	일반 반	반야 야	물결 파(바)	그물 라	꿀 밀
多	故		心	無	罣	礙		無	罣	礙
많을 다	연고 고		마음 심	없을 무	걸 괘(가)	거리낄 애		없을 무	걸 괘(가)	거리낄 애
故		無	有	恐	怖		遠	離	顛	倒
연고 고		없을 무	있을 유	두려울 공	두려워할 포		멀 원	떠날 리	넘어질 전	넘어질 도
夢	想		究	竟	涅	槃		三	世	諸
꿈 몽	생각할 상		궁구할 구	다할 경	개흙 열	쟁반 반		석 삼	세상 세	모두 제

무명도 없으며 또한 무명이 다함도 없으며,

내지 노와 사도 없으며, 또한 노와 사가 다함도 없다.

고와 집과 멸과 도도 없다. 지혜도 없고 또한 얻음도 없다.

얻을 것이 없는 까닭에 보리살타는 반야바라밀다를 의지하여 마음에 가애가 없으며,

가애가 없는 까닭에 공포가 없으며, 전도몽상을 멀리 떠나서 구경에는 열반인 것이다.

佛		依	般	若	波	羅	蜜	多	故	
부처 불		의지할 의	일반 반	반야 야	물결 파(바)	그물 라	꿀 밀	많을 다	연고 고	

得	阿	耨	多	羅	三	藐	三	菩	提
얻을 득	언덕 아	김맬 누(뇩)	많을 다	그물 라	석 삼	아득할 막(먁)	석 삼	보리 보	끝 제(리)

故	知	般	若	波	羅	蜜	多		是	大
연고 고	알 지	일반 반	반야 야	물결 파(바)	그물 라	꿀 밀	많을 다		이 시	큰 대

神	呪		是	大	明	呪		是	無	上
신통할 신	주문 주		이 시	큰 대	밝을 명	주문 주		이 시	없을 무	위 상

呪		是	無	等	等	呪		能	除	一
주문 주		이 시	없을 무	같을 등	같을 등	주문 주		능할 능	제거할 제	한 일

切	苦		眞	實	不	虛		故	說	般
온통 체	괴로울 고		참 진	열매 실	아닐 불	빌 허		연고 고	말씀 설	일반 반

若	波	羅	蜜	多	呪		卽	說	呪	曰
반야 야	물결 파(바)	그물 라	꿀 밀	많을 다	주문 주		곧 즉	말씀 설	주문 주	가로 왈

삼세제불은 반야바라밀다를 의지한 까닭에 아뇩다라삼먁삼보리를 얻는다.

그러므로 알아야 한다. 반야바라밀다는 위대하고 신비로운 주문이며,

크게 밝은 주문이며, 가장 높은 주문이며, 견줄 데 없는 주문이다.

능히 일체의 고뇌를 제거하며 진실하여 헛되지 않다.

고로 반야바라밀다의 주문을 설하노니 곧 주를 설해 말하되,

揭	諦	揭	諦		波	羅	揭	諦		波
들 게(아)	살필 체(제)	들 게(아)	살필 체(제)		물결 파(바)	그물 라	들 게(아)	살필 체(제)		물결 파(바)
羅	僧	揭	諦		菩	提		娑	婆	訶
그물 라	스님 승	들 게(아)	살필 체(제)		보리 보(모)	끌 제(지)		춤출 사	할미 파(바)	꾸짖을 가(하)
揭	諦	揭	諦		波	羅	揭	諦		波
들 게(아)	살필 체(제)	들 게(아)	살필 체(제)		물결 파(바)	그물 라	들 게(아)	살필 체(제)		물결 파(바)
羅	僧	揭	諦		菩	提		娑	婆	訶
그물 라	스님 승	들 게(아)	살필 체(제)		보리 보(모)	끌 제(지)		춤출 사	할미 파(바)	꾸짖을 가(하)
揭	諦	揭	諦		波	羅	揭	諦		波
들 게(아)	살필 체(제)	들 게(아)	살필 체(제)		물결 파(바)	그물 라	들 게(아)	살필 체(제)		물결 파(바)
羅	僧	揭	諦		菩	提		娑	婆	訶
그물 라	스님 승	들 게(아)	살필 체(제)		보리 보(모)	끌 제(지)		춤출 사	할미 파(바)	꾸짖을 가(하)

〈사경 20회〉

아제아제 바라아제 바라승아제 모지 사바하
아제아제 바라아제 바라승아제 모지 사바하
아제아제 바라아제 바라승아제 모지 사바하

摩	訶	般	若	波	羅	蜜	多	心	經	
갈 마	꾸짖을 가(하)	일반 반	반야 야	물결 파(바)	그물 라	꿀 밀	많을 다	마음 심	글 경	

觀	自	在	菩	薩		行	深	般	若	波
볼 관	스스로 자	있을 재	보리 보	보살 살		행할 행	깊을 심	일반 반	반야 야	물결 파(바)
羅	蜜	多	時		照	見	五	蘊	皆	空
그물 라	꿀 밀	많을 다	때 시		비출 조	볼 견	다섯 오	쌓을 온	다 개	빌 공
度	一	切	苦	厄		舍	利	子		色
건널 도	한 일	온통 체	괴로울 고	액 액		집 사	날카로울 리	아들 자		빛 색
不	異	空		空	不	異	色		色	即
아닐 불	다를 이	빌 공		빌 공	아닐 불	다를 이	빛 색		빛 색	곧 즉
是	空		空	即	是	色		受	想	行
이 시	빌 공		빌 공	곧 즉	이 시	빛 색		받을 수	생각할 상	행할 행

위대한 지혜로 저 언덕에 이르는 길

관자재보살이 깊은 반야바라밀다를 행할 때
오온이 모두 공함을 비춰 보고 일체 고액을 건넜다.
사리자여, 색은 공과 다르지 않고 공은 색과 다르지 않다.
색은 곧 공이고 공은 곧 색이다.

識		亦	復	如	是		舍	利	子	
알 식		또 역	다시 부	같을 여	이 시		집 사	날카로울 리	아들 자	
是	諸	法	空	相		不	生	不	滅	
이 시	모두 제	법 법	빌 공	형상 상		아닐 불	날 생	아닐 불	멸할 멸	
不	垢	不	淨		不	增	不	減		是
아닐 불	때 구	아닐 부	깨끗할 정		아닐 부	더할 증	아닐 불	덜 감		이 시
故		空	中	無	色		無	受	想	行
연고 고		빌 공	가운데 중	없을 무	빛 색		없을 무	받을 수	생각할 상	행할 행
識		無	眼	耳	鼻	舌	身	意		無
알 식		없을 무	눈 안	귀 이	코 비	혀 설	몸 신	뜻 의		없을 무
色	聲	香	味	觸	法		無	眼	界	
빛 색	소리 성	향기 향	맛 미	닿을 촉	법 법		없을 무	눈 안	지경 계	
乃	至	無	意	識	界		無	無	明	
이에 내	이를 지	없을 무	뜻 의	알 식	지경 계		없을 무	없을 무	밝을 명	

수·상·행·식도 또한 이와 같다.

사리자여, 이 모든 법의 공한 모양은 생기지도 않고 소멸하지도 않은 것이며,

더럽지도 않고 깨끗하지도 않은 것이며, 불어나지도 않고 줄어들지도 않은 것이다.

이러한 까닭에 공에는 색이 없으며 수·상·행·식도 없다.

안·이·비·설·신·의도 없으며, 색·성·향·미·촉·법도 없다.

눈의 세계도 없으며 내지 의식의 세계까지 없다.

亦	無	無	明	盡		乃	至	無	老	死
또 역	없을 무	없을 무	밝을 명	다할 진		이에 내	이를 지	없을 무	늙을 노	죽을 사
亦	無	老	死	盡		無	苦	集	滅	道
또 역	없을 무	늙을 노	죽을 사	다할 진		없을 무	괴로울 고	모일 집	멸할 멸	길 도
無	智	亦	無	得		以	無	所	得	故
없을 무	지혜 지	또 역	없을 무	얻을 득		써 이	없을 무	바 소	얻을 득	연고 고
菩	提	薩	埵		依	般	若	波	羅	蜜
보리 보	끌 제(리)	보살 살	언덕 타		의지할 의	일반 반	반야 야	물결 파(바)	그물 라	꿀 밀
多	故		心	無	罣	礙		無	罣	礙
많을 다	연고 고		마음 심	없을 무	걸 괘(가)	거리낄 애		없을 무	걸 괘(가)	거리낄 애
故		無	有	恐	怖		遠	離	顚	倒
연고 고		없을 무	있을 유	두려울 공	두려워할 포		멀 원	떠날 리	넘어질 전	넘어질 도
夢	想		究	竟	涅	槃		三	世	諸
꿈 몽	생각할 상		궁구할 구	다할 경	개흙 열	쟁반 반		석 삼	세상 세	모두 제

무명도 없으며 또한 무명이 다함도 없으며,

내지 노와 사도 없으며, 또한 노와 사가 다함도 없다.

고와 집과 멸과 도도 없다. 지혜도 없고 또한 얻음도 없다.

얻을 것이 없는 까닭에 보리살타는 반야바라밀다를 의지하여 마음에 가애가 없으며,

가애가 없는 까닭에 공포가 없으며, 전도몽상을 멀리 떠나서 구경에는 열반인 것이다.

佛		依	般	若	波	羅	蜜	多	故
부처 불		의지할 의	일반 반	반야 야	물결 파(바)	그물 라	꿀 밀	많을 다	연고 고

得	阿	耨	多	羅	三	藐	三	菩	提
얻을 득	언덕 아	김맬 누(뇩)	많을 다	그물 라	석 삼	아득할 막(먁)	석 삼	보리 보	끌 제(리)

故	知	般	若	波	羅	蜜	多		是	大
연고 고	알 지	일반 반	반야 야	물결 파(바)	그물 라	꿀 밀	많을 다		이 시	큰 대

神	呪		是	大	明	呪		是	無	上
신통할 신	주문 주		이 시	큰 대	밝을 명	주문 주		이 시	없을 무	위 상

呪		是	無	等	等	呪		能	除	一
주문 주		이 시	없을 무	같을 등	같을 등	주문 주		능할 능	제거할 제	한 일

切	苦		眞	實	不	虛		故	說	般
온통 체	괴로울 고		참 진	열매 실	아닐 불	빌 허		연고 고	말씀 설	일반 반

若	波	羅	蜜	多	呪		卽	說	呪	曰
반야 야	물결 파(바)	그물 라	꿀 밀	많을 다	주문 주		곧 즉	말씀 설	주문 주	가로 왈

삼세제불은 반야바라밀다를 의지한 까닭에 아뇩다라삼먁삼보리를 얻는다.

그러므로 알아야 한다. 반야바라밀다는 위대하고 신비로운 주문이며,

크게 밝은 주문이며, 가장 높은 주문이며, 견줄 데 없는 주문이다.

능히 일체의 고뇌를 제거하며 진실하여 헛되지 않다.

고로 반야바라밀다의 주문을 설하노니 곧 주를 설해 말하되,

揭	諦	揭	諦		波	羅	揭	諦		波
들 게(아)	살필 체(제)	들 게(아)	살필 체(제)		물결 파(바)	그물 라	들 게(아)	살필 체(제)		물결 파(바)
羅	僧	揭	諦		菩	提		娑	婆	訶
그물 라	스님 승	들 게(아)	살필 체(제)		보리 보(모)	끌 제(지)		춤출 사	할미 파(바)	꾸짖을 가(하)
揭	諦	揭	諦		波	羅	揭	諦		波
들 게(아)	살필 체(제)	들 게(아)	살필 체(제)		물결 파(바)	그물 라	들 게(아)	살필 체(제)		물결 파(바)
羅	僧	揭	諦		菩	提		娑	婆	訶
그물 라	스님 승	들 게(아)	살필 체(제)		보리 보(모)	끌 제(지)		춤출 사	할미 파(바)	꾸짖을 가(하)
揭	諦	揭	諦		波	羅	揭	諦		波
들 게(아)	살필 체(제)	들 게(아)	살필 체(제)		물결 파(바)	그물 라	들 게(아)	살필 체(제)		물결 파(바)
羅	僧	揭	諦		菩	提		娑	婆	訶
그물 라	스님 승	들 게(아)	살필 체(제)		보리 보(모)	끌 제(지)		춤출 사	할미 파(바)	꾸짖을 가(하)

〈사경 21회〉

아제아제 바라아제 바라승아제 모지 사바하
아제아제 바라아제 바라승아제 모지 사바하
아제아제 바라아제 바라승아제 모지 사바하

사경 발원문

사경 끝난 날 :　　　　년　　　월　　　일

＿＿＿＿＿＿＿＿ 두손모음

如天 無比

1943년 영덕에서 출생하였다.

1958년 출가하여 덕흥사, 불국사, 범어사를 거쳐 1964년 해인사 강원을 졸업하고 동국역경연수원에서 수학하였다.

10여 년 선원생활을 하고 1976년 탄허 스님에게 화엄경을 수학하고 전법, 이후 통도사 강주, 범어사 강주,

은해사 승가대학원장, 대한불교조계종 교육원장, 동국역경원장, 동화사 한문불전승가대학원장 등을 역임하였다.

2018년 5월에는 수행력과 지도력을 갖춘 승랍 40년 이상 되는 스님에게 품서되는 대종사 법계를 받았다.

현재 부산 문수선원 문수경전연구회에서 150여 명의 스님과 300여 명의 재가 신도들에게 화엄경을 강의하고 있다.

또한 다음 카페 '염화실'(http://cafe.daum.net/yumhwasil)을 통해

'모든 사람을 부처님으로 받들어 섬김으로써 이 땅에 평화와 행복을 가져오게 한다.'는 인불사상人佛思想을 펼치고 있다.

저서로『대방광불화엄경 강설』(전 81권),『무비 스님의 유마경 강설』(전 3권),『대방광불화엄경 실마리』,『무비 스님의 왕복서 강설』,

『무비 스님이 풀어 쓴 김시습의 법성게 선해』,『법화경 법문』,『신금강경 강의』,『직지 강설』(전 2권),『법화경 강의』(전 2권),『신심명 강의』,

『임제록 강설』,『대승찬 강설』,『당신은 부처님』,『사람이 부처님이다』,『이것이 간화선이다』,『무비 스님과 함께하는 불교공부』,

『무비 스님의 증도가 강의』,『일곱 번의 작별인사』, 무비 스님이 가려 뽑은 명구 100선 시리즈(전 4권) 등이 있고

편찬하고 번역한 책으로『화엄경(한글)』(전 10권),『화엄경(한문)』(전 4권),『금강경 오가해』 등이 있다.

또한 사경집으로『대방광불화엄경 사경』(전 81권),『금강반야바라밀경 사경』,『반야바라밀다심경 사경』,『보현행원품 사경』,

『관세음보살보문품 사경』,『천수경 사경』,『묘법연화경 사경』(전 7권),『법화경약찬게 사경』,『지장경 사경』,『발심수행장 사경』 등

무비 스님의 사경 시리즈가 있다.

무비 스님의 반야바라밀다심경 사경

| 초판 1쇄 발행_ 2019년 7월 26일
| 초판 3쇄 발행_ 2025년 5월 12일

| 지은이_ 여천 무비(如天 無比)
| 펴낸이_ 오세룡
| 편집_ 박성화 손미숙 윤예지 정연주
| 기획_ 곽은영
| 디자인_ 고혜정 김효선 최지혜
| 홍보 마케팅_ 정성진
| 펴낸곳_ 담앤북스
　　　　서울특별시 종로구 새문안로3길 23 경희궁의 아침 4단지 805호
　　　　대표전화 02)765-1251 전송 02)764-1251 전자우편 dhamenbooks@naver.com
　　　　출판등록 제300-2011-115호
| ISBN 979-11-6201-183-6 03220

정가 10,000원